Dieter Buck
Spazier-Ziele
am Bodensee

Dieter Buck

Spazier-Ziele am Bodensee

- Entdecken
- Erleben
- Genießen

Silberburg-Verlag

Umschlagfoto:
Blick auf die Wallfahrtskirche Birnau
Foto Seite 1:
Segelboot auf dem Bodensee
Foto Seite 2/3:
Idyllischer Strand in Gaienhofen
Foto Seite 15:
Rund um den See erstrecken sich ausgedehnte Obstbaumplantagen.
Foto Seite 105:
Maurische Schönheit: Schloss Montfort in Langenargen

Dieter Buck
1953 geboren, verfasst der Stuttgarter seit vielen Jahren Wander-
vorschläge, Tipps für Radtouren und Reisebeschreibungen für verschiedene Zeitungen und Magazine im In- und Ausland. Außerdem
veröffentlichte er zahlreiche Bücher: Wander-, Radwander- und
Reiseführer. Er ist Herausgeber des »Schwaben-Kalenders« und Redak-
tionsleiter von »Schwaben Alpin«. Dieter Bucks Themengebiete sind
Süddeutschland, insbesondere Baden-Württemberg und das Allgäu,
sowie der deutsche und österreichische Alpenraum.

2. Auflage 2012

© 2009/2012 by Silberburg-Verlag GmbH,
Schönbuchstraße 48, D-72074 Tübingen.
Alle Rechte vorbehalten.
Umschlaggestaltung: Anette Wenzel, Tübingen, unter Verwendung
einer Fotografie von Dieter Buck, Stuttgart.
Kartengrundlage: Topographische Karte 1:100 000 Baden-Württemberg
© Landesamt für Geoinformation und Landentwicklung Baden-Württemberg
(www.lgl-bw.de), vom 15.01.2009, Az.: 2851.2-D/6779, bearbeitet durch den Verlag.
Alle Bilder: Dieter Buck.
Lektorat: Werner Brenner, Rottenburg am Neckar.
Layout und Satz: textdesign, Martin Fischer, Tübingen.
Druck: Grammlich, Pliezhausen.
Printed in Germany.

Gedruckt auf zertifiziertem Papier:
Förderung nachhaltiger Waldbewirtschaftung –
nähere Informationen unter: www.pefc.org

PEFC/04-31-0878

ISBN 978-3-87407-823-8

Besuchen Sie uns im Internet
und entdecken Sie die Vielfalt unseres Verlagsprogramms:
www.silberburg.de

Inhalt

Ausflüge

Städte und Orte

Spazier-Ziele am Bodensee

- 🟠 **45 Spaziergänge**
- 🔵 **21 Stadtbesichtigungen**

Stockach — 19

Ludwigshafen

Sipplingen — 22

18 17 — Bodman — 16 15 — 20

Singen (Hohentwiel) — 14 — 21 — Überlingen — 28 29

26 — Sal

Radolfzell am Bodensee — 13 12 — 11 — 27 — 30

23 24

10 — 9 — 25 — Unter-uhldingen

5 — 8 — Meersburg — 3

4 3 — 6 — 2 — 7 — Reichenau

1 — Stein am Rhein — Hagnau

Rhein

Konstanz

S c h w e i z

Rom

St. Gallen

Vorwort

Liebe Leserin, liebe Leser,

drei Länder umgeben den Bodensee: Deutschland, die Schweiz und als kleinster Anrainer Österreich. Dieses Buch widmet sich Zielen auf der deutschen Seite.

Vielfältig sind die Möglichkeiten der Freizeitbetätigung, die sich dem Bodenseebesucher oder -anrainer bieten. An erster Stelle muss selbstverständlich der Wassersport genannt werden: Segeln, Surfen, Schwimmen und Tauchen gehören zum Repertoire. Wer jedoch lieber festen Boden unter den Füßen hat, sich aber bewegen und vor allem etwas sehen will, wandert oder fährt Rad. Nun sind aber längere Wanderungen sicher nicht jedermanns Sache. Sei es, dass einem die Kondition fehlt, sei es, dass man keine Zeit hat oder eben lieber etwas kürzer unterwegs sein will.

In diesem Fall bietet sich ein Spaziergang an. Eine wissenschaftliche Definition fürs Spazierengehen gibt es nicht, wir halten für uns einfach nur fest: Spaziergänge sind zum einen kürzer als Wanderungen,

Hinter dem kleinen See liegt Mimmenhausen.

zum anderen verlaufen sie eher auf festen, gemütlich zu gehenden Wegen. So sind sie in der Regel auch für Eltern mit Kinderwagen geeignet oder für Eltern, die selbst lieber laufen, den Nachwuchs aber mit dem Rad mitfahren lassen. Und natürlich können auch Rollstuhlfahrer die meisten der Spazierstrecken bewältigen.

Die in diesem Buch beschriebenen Spaziergänge nehmen zwischen etwa einer und zwei, wenn es hochkommt, drei Stunden Zeit in Anspruch. Sie verlaufen meist auf festen, geschotterten oder asphaltierten Wegen oder Sträßchen, auf denen zwar auch Autos fahren dürfen, die aber sehr verkehrsarm

sind. Nur kurze Stücke führen bei der einen oder anderen Tour auf einem unbefestigten Weg. Die Höhenunterschiede können meist als mäßig bezeichnet werden. Wie der Weg beschaffen ist, wird im Infoteil zum Schluss der Schilderung jedes Spaziergangs beschrieben.

Gerade wenn man einen doch eher kurzen Spaziergang unternimmt, verfügt man über reichlich Zeit. Deshalb werden auch jeweils die Sehenswürdigkeiten aus Kultur und Geschichte oder aus der Natur, an denen man vorbeikommt, geschildert – ganz nach dem Motto: »Man sieht nur, was man weiß.«

Da ein Spaziergang nicht unbedingt durch die Natur führen

Blick über den See nach Überlingen

13

Der Bodensee

Mit einer Fläche von 536 Quadratkilometern – mit dem Seerhein sind es über 571 Quadratkilometer – und einem Rauminhalt von 48,5 Kubikkilometern Wasser ist der Bodensee der größte See in Deutschland. An der längsten Stelle misst das Hauptbecken, der Obersee, 63 Kilometer, die größte Breite zwischen Langenargen und Rorschach in der Schweiz beträgt 14 Kilometer. Die tiefste Stelle des Sees befindet sich mit 254 Metern zwischen Friedrichshafen und dem schweizerischen Uttwil. Das Klima am Bodensee ist als mild, konstant und trocken zu bezeichnen. Der Bodensee trägt als ein natürlicher Wärmespeicher dazu bei, die Temperaturen beständig zu regulieren. Von seinen 273 Kilometern Uferlänge liegen 173 Kilometer in Deutschland (Baden-Württemberg: 155 Kilometer, Bayern: 18 Kilometer), 72 Kilometer in der Schweiz und 28 Kilometer im österreichischen Vorarlberg.

Seine Zuflüsse sind vor allem der Rhein, außerdem die Bregenzer Ach, die Argen, die Radolfzeller Aach, die Steinach, die Schussen und die Dornbirner Ach, sein Abfluss ist der Rhein.

muss, sondern auch in einer Stadt unternommen werden kann, sind in einem gesonderten Teil diejenigen größeren Orte mit ihren bemerkenswerten Gebäuden erklärt, in denen sich ein längerer Aufenthalt empfiehlt.

Brunnen in Immenstaad

Beim Wandern rechnet man mit etwa vier Kilometern, die man in einer Stunde bewältigt. Da der Spaziergänger und Nutzer dieses Buches sicherlich langsamer unterwegs sein wird, wurden hier Zeit-Zuschläge hinzugerechnet. Jeder wird bei den ersten Spaziergängen selbst merken, ob er die Strecke schneller oder langsamer bewältigt; so kann er sich dann darauf einstellen.

Liebe Leserin, lieber Leser, ich wünsche Ihnen viele erholsame und erlebnisreiche Spaziergänge, immer bei schönem Wetter und immer mit interessanten, angenehmen Begegnungen.

Dieter Buck

Teil 1
Ausflüge

Zum Naturschutz-gebiet Segete

Gaienhofen – Naturschutzgebiet Segete –
Hemmenhofen – Gaienhofen

Im Naturschutzgebiet Segete finden wir einen kleinen, idyllischen
und schilfumstandenen See. Der Weg dorthin führt uns durch
Streuobstwiesen mit schönen alten Bäumen. Auf dem Rückweg
bietet sich uns immer wieder ein Ausblick zum Bodensee. Wer will,
kann den Tag mit einer ausgiebigen Besichtigung des Hermann-
Hesse-Hauses ausklingen lassen.

■ **Ausgangspunkt:**
Gaienhofen.

■ **Wegverlauf:**
Wir parken am nördlichen Ortsende, wo wir beim Rathaus beziehungsweise Kultur- und Gästebüro
Parkplätze finden. Dann spazieren
wir kurz in Richtung Horn, zweigen
aber gleich links ab in Richtung

»Hermann-Hesse-Schule«. Wo die
Straße links abknickt, spazieren wir
geradeaus weiter. Nach der Schule
beschreibt der Weg einen Linksknick, und kurz danach biegen wir
rechts ab. Nun geht es über Streuobstwiesen und mit schönem Blick
auf Horn zum Naturschutzgebiet
Segete.

Im **Naturschutzgebiet Segete**
wurde eine seggen- und binsen-
reiche Nasswiese als Naturschutzgebiet ausgewiesen. Zu diesem
Zweck wurde ein kleiner Staudamm
erbaut, und es entstanden zwei
Flachwasserteiche. Das Gebiet gilt
als wertvolles Laichgewässer für
Laubfrösche.

Vor dem Schutzgebiet biegen wir
links ab, überqueren kurz danach
die Straße und spazieren bis zu

einem Feldkreuz von 1863 vor einem Hof; hier halten wir uns links. An der nächsten Verzweigung nehmen wir den rechten Weg, der zum Wald führt. Dort gehen wir auf dem linken, vom Wald wegführenden Weg weiter bis nach einem Hof. Hier biegen wir links ab und gehen steil hinab nach Hemmenhofen.

Die katholische Pfarrkirche in **Hemmenhofen** geht auf die Romanik zurück und besitzt einen tonnengewölbten Chorturm. Die Maßwerkfenster und das Sakramentshaus stammen aus dem 16. Jahrhundert. Außerdem sind noch Teile der Barockausstattung aus der Mitte des 18. Jahrhunderts erhalten (Statuen, Altäre). Der mit einem Walmdach versehene Pfarrhof stammt von etwa 1750, die im Winkel an ihn gebaute Fachwerkscheune wurde etwa 1800 errichtet. Die mit den typischen Luftschlitzen versehene Torkel und Zehntscheuer des Klosters Feldbach ist ein Fachwerkhaus von 1603. Im Gebäude Otto-Dix-Weg 6 wohnte der Maler ab 1933. Heute ist in dem Haus ein Dix-Museum untergebracht.

Wir biegen an der Landstraße links ab und gehen auf dem Fußgängerweg zurück nach Gaienhofen und zum Ausgangspunkt. Unterwegs haben wir immer wieder einen schönen Blick auf den See.

Die Filialkirche Sankt Mauritius in **Gaienhofen** wurde um 1500 erbaut. Sie besitzt Maßwerkfenster und einen Dachreiter. Das 1295 erstmals genannte Schloss dient heute als Internat. Es ging aus einer Wasserburg hervor. 1497 bis 1803 war es Sitz des konstanzisch-bischöflichen Obervogteiamtes. Es brannte im Dreißigjährigen Krieg ab und wurde erst um 1700 wieder aufgebaut. Sehenswert sind noch verschiedene Sichtfachwerk-Bauernhäuser aus dem 17. bis 19. Jahrhundert.

■ **Länge:**
Etwa 6 Kilometer.

■ **Zeit:**
Etwa 1½–2 Stunden.

Feldkreuz am Wegrand

Im Naturschutzgebiet Segete liegen zwei kleine Teiche.

■ **Höhenunterschied:**
Etwa 90 Meter.

■ **Empfohlene Karte:**
Freizeitkarte 511 Westlicher Bodensee, Landesvermessungsamt Baden-Württemberg.

■ **Einkehrmöglichkeit:**
Gaienhofen, Hemmenhofen.

■ **Wegbeschaffenheit / Kinderwageneignung:**
Die Tour verläuft auf festen Wegen.

Durchs Schilf am See entlang

Gaienhofen – Bodensee – Strandbad – Gaienhofen

Durch einen schönen Strandbereich mit mächtigen alten Bäumen und weitläufigen Schilfbeständen führt uns diese Tour. Zweimal haben wir die Gelegenheit, im See zu baden, einmal davon sogar kostenlos. Kinder werden an dem Spielplatz ihre Freude haben.

■ **Ausgangspunkt:**
Gaienhofen.

■ **Wegverlauf:**
Wir parken am nördlichen Ortsende, wo wir beim Rathaus beziehungsweise Kultur- und Gästebüro Parkplätze finden. Dann gehen wir in die Ortsmitte bis vor die moderne Kirche. Dort biegen wir links ab und kommen zur Bootsanlegestelle. Hier haben wir eine schöne Sicht auf den

See und die Schweizer Seite. Wir können einen Blick auf das Schloss werfen, außerdem finden wir einen großen Spielplatz.

An der Bootsanlegestelle biegen wir links ab und spazieren durch das Schilf und am Ufer entlang. Wir kommen an einer kostenlosen Badestelle vorbei; etwas später ist der Weg nur noch für Fußgänger zugelassen. Wer mit dem Rollstuhl oder Kinderwagen unterwegs ist, geht auf dem für Fahrräder ausgewiesenen Weg weiter. Ansonsten spazieren wir auf einem schmalen Pfad zwischen eingezäunten Grundstücken, bis er vor dem Strandbad scharf links abknickt. Wir kommen zu einem festen Weg, in den wir links einbiegen; kurz darauf knickt er rechts ab. Hier treffen auch diejenigen wieder auf den Weg, die dem Radweg gefolgt sind.

Nach dem Parkplatz des Strandbades biegen wir am querenden Zufahrtssträßchen links ab und spazieren zurück nach Gaienhofen. Unser Weg trifft nach den ersten Häusern auf die Hauptstraße. Nach rechts kommen wir zurück zum Ausgangspunkt.

■ **Länge:**
Etwa 4 Kilometer.

■ **Zeit:**
Etwa 1½ Stunden.

Im Gaienhofener Schloss ist ein Internat untergebracht.

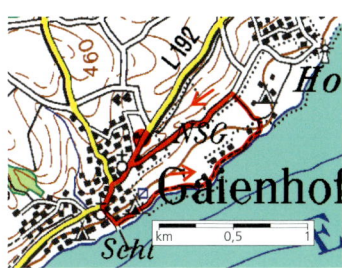

■ **Höhenunterschied:**
Etwa 60 Meter.

■ **Empfohlene Karte:**
Freizeitkarte 511 Westlicher Bodensee, Landesvermessungsamt Baden-Württemberg.

■ **Einkehrmöglichkeit:**
Gaienhofen.

Strand bei Gaienhofen

Naturweg, der aber meist breit ist. Außer nach feuchten Perioden kann man hier mit dem Kinderwagen spazieren. Mit Kinderwagen und Rollstuhl muss ein schmales Teilstück auf dem Radweg umgangen werden.

■ **Sonstiges:**
An der Bootsanlegestelle gibt es einen großen Spielplatz. Unterwegs kommt zuerst ein Bereich, an dem man kostenlos baden kann, nach der halben Tour folgt ein großes Strandbad.

■ **Wegbeschaffenheit /
Kinderwageneignung:**
Der Spaziergang verläuft auf festen Wegen, am See entlang auf einem

Um das Horn der Höri

Gaienhofen-Horn – Naturschutzgebiet am Horn – Schienerberg – Horn

Um das Horn der Halbinsel Höri gelangen wir bei diesem Spaziergang, wobei wir uns immer wieder am Blick auf den See erfreuen. Ein kleiner Abstecher führt zu einem Badeplatz. Danach zieht unser Weg auf die Höhe, wo wir zu einem interessant aussehenden Wasserbehälter kommen. Hier kann man auch grillen.

■ **Ausgangspunkt:**
Gaienhofen-Horn.

■ **Wegverlauf:**
Bei der Kirche gibt es einen Parkplatz.

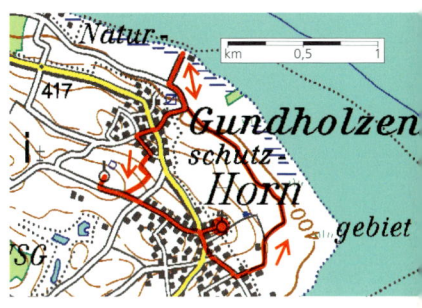

Die 1155 erwähnte Pfarrkirche Sankt Johannes der Täufer und Sankt Veit in **Horn** wurde im 16. Jahrhundert unter Einbeziehung romanischer Teile neu erbaut. Der Umbau in eine barocke Saalkirche erfolgte um das Jahr 1700; der Hochaltar stammt von 1719. Sehenswert ist eine Madonnenstatue von etwa 1500. Die beiden beidseitig bemalten Altartafeln stammen aus dem Konstanzer Münster. Sehenswert sind auch die Sandstein-Grabmäler der Konstanzer Obervögte und einiger Pfarrer (17./18. Jh.). Das mächtige Pfarrhaus mit seinem rundbogigen Weinkellerzugang stammt von 1660 und wurde 1776 umgebaut. Dazu gehört eine Fachwerkscheune aus dem 18. Jahrhundert. Im Ort findet man noch Fachwerkhäuser aus dem 17. bis 19. Jahrhundert.

Zuerst sollten wir vom Friedhof aus die Aussicht auf den See genießen. Dann gehen wir zurück zur Durchgangsstraße, biegen links ab, zweigen aber gleich links ab auf den Fuhrmannsweg. Er mündet nach kurzem, steilem Bergab in die Hornstaaderstraße. Wir kommen an einem Mammutbaum vorbei, nach dem wir mit dem Zeichen des Bodensee-Wanderwegs links in den Hörnleweg abbiegen.

Im Bereich der **Hornspitze** leben zahlreiche seltene Pflanzen und Tiere. Im fla-chen Uferbereich findet man Röhrichte, Sumpf- und Streuwiesen, Auenwald und feuchte Mähwiesen. In den Streuwiesen wachsen das Fleischrote Knabenkraut und der Lungenenzian. Rund zwei Drittel des Naturschutzgebietes nimmt die Flachwasserzone ein. Sie besitzt eine europaweite Bedeutung für die Vogelwelt; so leben hier im Winter über zehntausend Blässhühner und zahlreiche andere Wasservögel. Auch Grauspecht, Pirol, Nachtigall und eine Vielzahl von Insektenarten fühlen sich hier wohl. Die Gegend

Blick über die Wiesen zum See

Blickfang auf der Höri: die Kirche in Horn

ist auch ein archäologisches Reservat, denn in der Flachwasserzone findet man bis zu etwa sechstausend Jahre alte Reste von Pfahlbausiedlungen, die zu den ältesten am Bodensee gehören.

Wir folgen dem Hörnleweg, bald in dem herrlichen Naturschutzgebiet am Horn. Schließlich kommen wir zum Wanderschild *Gundholzer Fronwiesen* (402 m), wo wir nach links hinaufgehen. Wer aber zu einem Badeplatz will, spaziert noch kurz geradeaus, dann rechts weiter. Anschließend kehrt man wieder hierher zurück.

Im Ort überqueren wir die Durchgangsstraße und steigen weiter bergauf, bis links die Hofstraße abgeht. Wir folgen ihr kurz, biegen aber gleich darauf rechts ab. In den

Feldern zieht der Weg nach links, dann nach rechts zu einer querenden Straße mit dem Schild *Horn Feldkreuz* (457 m). Dort gehen wir kurz nach rechts zu einem Parkplatz; rechts liegt nun das Landschaftsschutzgebiet Schienerberg mit dem Wasserturm und einem großen Grill- und Rastplatz. Auch wer nicht grillen will, sollte hinauf zum Wasserturm gehen. Er ist nicht nur ein interessantes Bauwerk im Stil des Historismus, man kann auch auf ihn hinaufsteigen. Hier hat man einen weiten Blick über den See.

Danach spazieren wir zurück zur Straße und nach links nach Horn und zur Kirche.

■ **Länge:**
Etwa 4 Kilometer.

■ **Zeit:**
Etwa 1½ Stunden.

■ **Höhenunterschied:**
Etwa 110 Meter.

■ **Empfohlene Karte:**
Freizeitkarte 511 Westlicher Bodensee, Landesvermessungsamt Baden-Württemberg.

■ **Einkehrmöglichkeit:**
Horn.

■ **Wegbeschaffenheit /
Kinderwageneignung:**
Der Spaziergang verläuft auf festen Wegen. Badeplatz nach der Hälfte der Tour.

Ins Naturschutzgebiet am Horn der Höri

Gaienhofen-Gundholzen – Naturschutzgebiet am Horn – Gundholzen

Dieser Spaziergang führt uns durch das herrliche Naturschutzgebiet am Horn der Höri. Immer genießen wir einen prächtigen Blick über die Wiesen auf den See und zum gegenüberliegenden Ufer. Auf dem Rückweg befinden wir uns weit über dem See; von hier oben bietet sich eine weite Aussicht.

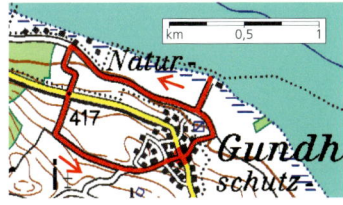

■ **Ausgangspunkt:**
Gaienhofen-Gundholzen.

■ **Wegverlauf:**
Wir gehen dort, wo an der Durchgangsstraße ein Brunnen mit zwei großen Bronzefiguren steht, auf der anderen Seite auf dem Wiesenweg (»zum See«) hinab in das Naturschutzgebiet. Dort biegen wir am Wanderschild *Gundholzer Fronwiesen* (402 m) links ab und spazieren mit herrlichem Blick über die Wiesen auf den See weiter. Kurz danach liegt rechts ein schöner Badeplatz.

Bald kommen wir in ein Wohngebiet. Wo nach dem Wasserbehälter die Straße Winkelwiesen in die Straße Möösle übergeht, biegen wir links ab und kommen hoch zur Straße. Auf der anderen Seite behalten wir unsere Richtung bei. Kurz danach knickt unser Weg links ab und bringt uns zurück nach Gundholzen.

Das Naturschutzgebiet erstreckt sich am See entlang.

Skulptur in Gundholzen

■ **Länge:**
Etwa 3 Kilometer.

■ **Zeit:**
Etwa 1 Stunde.

■ **Höhenunterschied:**
Etwa 50 Meter.

■ **Empfohlene Karte:**
Freizeitkarte 511 Westlicher Bodensee, Landesvermessungsamt Baden-Württemberg.

■ **Wegbeschaffenheit /
Kinderwageneignung:**
Der Spaziergang verläuft auf festen Wegen. Badeplatz nach Gundholzen.

Um das Moor bei Moos

Moos – Moor bei Moos – Böhringen – Moos

Nördlich von Moos umrunden wir bei diesem Spaziergang ein typisches Moorgebiet. Es geht zwar anfangs entlang der Straße, doch wird dieser kleine Nachteil von der herrlichen Landschaft ausgeglichen. Zurück spazieren wir dann, ohne von Kraftfahrzeugen gestört zu werden.

■ **Ausgangspunkt:**
Moos.

■ **Wegverlauf:**
Gestartet wird an der Kirche im Zentrum von Moos. Hier fol-

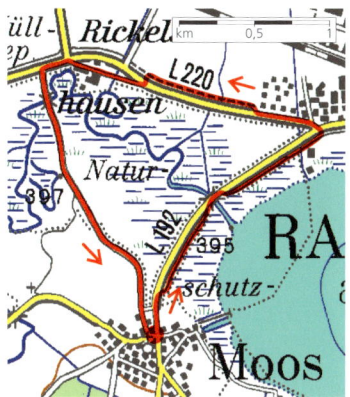

gen wir der Straße in Richtung
Radolfzell. Nach dem Ort nehmen
wir den parallel verlaufenden Geh-
und Radweg. Am Kreisverkehr vor
Radolfzell biegen wir links ab und
gehen weiter parallel zur Straße bis
zum Gewerbegebiet von Böhringen.

Wir können durch das Gewerbegebiet hindurchgehen und stoßen danach wieder auf die Landstraße. Nun behalten wir noch kurz
unsere Richtung bei und spazieren
bis zu einem kleinen Parkplatz, wo
wir die Tour auch hätten beginnen
können.

Jetzt halten wir uns links und
gehen nun ohne störenden Kraft-
fahrzeugverkehr zurück nach Moos.

*Blick über die Moorwiesen
bei Moos*

■ **Länge:**
Etwa 6 Kilometer.

■ **Zeit:**
Etwa 1½ Stunden.

■ **Höhenunterschied:**
Unwesentlich.

■ **Empfohlene Karte:**
Freizeitkarte 511 Westlicher
Bodensee, Landesvermessungsamt
Baden-Württemberg.

■ **Einkehrmöglichkeit:**
Moos.

■ **Wegbeschaffenheit /
Kinderwageneignung:**
Der Spaziergang verläuft auf festen
Wegen.

25

Rund um die Reichenau 1: zu zwei Kirchen

Mittelzell – Niederzell – Mittelzell

Zwar kann man auch die gesamte Insel Reichenau wandernd umrunden, aber dies sprengt die Dimension eines Spaziergangs. So teilen wir uns diese Runde in zwei Touren auf. Bei beiden kommt man an sehenswerten Kirchen vorbei, außerdem hat man immer einen wundervollen Blick auf den See. Während dieser ersten Tour können wir die Kirchen in Mittel- und Niederzell besuchen und einen Blick auf das Bürgle in Niederzell werfen.

■ **Ausgangspunkt:**
Reichenau, Mittelzell.

■ **Wegverlauf:**
Hinter der Kirchenanlage in Mittelzell liegt ein Parkplatz. Wir

halten uns an ihm links auf den gut beschilderten Uferweg und folgen ihm bis Niederzell. Hier sind die Kirche und das Bürgle genannte Schloss Windeck sehenswert. Dann gehen wir auf der Straße kurz nach Süden, werden aber bald nach der Kirche nach rechts auf den Uferweg verwiesen. Wer will, folgt aber dem Sträßchen und der Radwegbeschilderung. Beide Wege weisen zwar eine komplizierte Streckenführung auf, sind aber gut markiert.

Nachdem wir zwischen einigen Gewächshäusern durchspaziert sind, geht es auf einem schmalen Pfad zwischen Wohnhäusern zu einem Sträßchen. Hier liegt rechts die Bootsanlegestelle. Wir folgen aber dem geradeaus weiterfüh-

Auf der Reichenau hat man immer wieder direkten Zugang zum See.

renden Thurgauer Weg, der wieder einige Knicke aufweist, bis wir schließlich auf der Markusstraße links hoch zur Durchgangsstraße gehen. Nach links führt uns diese Straße zum Ausgangspunkt.

■ **Länge:**
Etwa 5½ Kilometer.

■ **Zeit:**
Etwa 2 Stunden.

■ **Höhenunterschied:**
Etwa 50 Meter.

■ **Empfohlene Karte:**
Freizeitkarte 511 Westlicher Bodensee, Landesvermessungsamt Baden-Württemberg.

■ **Einkehrmöglichkeit:**
Reichenau.

■ **Wegbeschaffenheit / Kinderwageneignung:**
Der Spaziergang verläuft teilweise auf schmalen Pfaden. Wem der Wegverlauf zu kompliziert ist, der folgt den Radwegschildern. Deren Streckenführung ist einfacher.

Rund um die Reichenau 2: Start in Oberzell

Oberzell – Mittelzell – Hochwart – Oberzell

Zu der mächtigen Klosteranlage in Mittelzell, deren Kirche wir besichtigen können, führt uns dieser nach Tour 6 zweite Spaziergang auf der Reichenau. Da wir in Oberzell starten, müssen wir uns ein klein wenig mehr als bei der vorangegangenen Runde anstrengen, um Mittelzell besichtigen zu können. Weiter geht es durch Weinberge zum Aussichtspunkt Hochwart, der uns einen umfassenden Blick über die Insel ermöglicht.

■ **Ausgangspunkt:**
Reichenau, Oberzell.

■ **Wegverlauf:**
Parken können wir bei der Kirche in Oberzell. Dann gehen wir

parallel zur Straße in Richtung Bodanrück zurück bis zur rechts liegenden Gärtnerei und biegen hier links in den Fußgängerpfad ein. Gleich darauf spazieren wir unterhalb der Kirche vorbei. Danach folgen wir dem Uferweg und wandern später durch Wohnstraßen und an Gewächshäusern entlang. Nach rechts hat man aber immer Aussicht auf den Bodensee. Man sollte auch die Baumriesen beziehungsweise ihre Reste beachten, an denen man vorbeikommt.

Schließlich sehen wir links bereits die

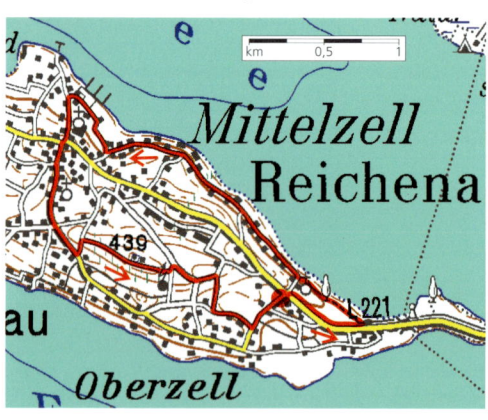

Klosteranlage von Mittelzell, und kurz danach sind wir an der Bootsanlegestelle. Hier biegen wir links ab und kommen zur Kirche. Nach einer Besichtigung folgen wir dem Sträßchen weiter. Es führt uns nach Süden. Kurz nachdem rechts die Markusstraße abgeht, zweigen wir nach links ab in die Weinberge. Bald darauf folgen wir dem nach rechts führenden Weg, der uns zum Aussichtspunkt Hochwart bringt. Ein weiter Ausblick lässt sich von hier aus genießen.

Anschließend folgen wir dem Sträßchen weiter, nun bergab. Wir biegen dort, wo es nicht mehr geradeaus weitergeht, rechts ab und halten uns an dem Sträßchen, das zwischen der großen Antenne und den Gärtnereien verläuft, links. Es bringt uns zu einer Querstraße, der wir nach links zur Kirche von Oberzell folgen.

Sankt Georg in Oberzell ist mit fantastischen Fresken ausgeschmückt.

■ **Länge:**
Etwa 6 Kilometer.

■ **Zeit:**
Etwa 2 Stunden.

■ **Höhenunterschied:**
Etwa 50 Meter.

■ **Empfohlene Karte:**
Freizeitkarte 511 Westlicher Bodensee, Landesvermessungsamt Baden-Württemberg.

■ **Einkehrmöglichkeit:**
Reichenau.

■ **Wegbeschaffenheit /
Kinderwageneignung:**
Der Spaziergang verläuft teilweise auf schmalen Pfaden.

Tiefblick auf den See

Konstanz-Litzelstetten – Dingelsdorf – Oberdorf – Litzelstetten

Vor allem auf dem Rückweg genießen wir bei dieser Tour unweit der Mainau einen überwältigenden Blick hinab auf den Bodensee. Interessant sind unterwegs auch die verschiedenen Kirchen beziehungsweise Kapellen und die Feldkreuze.

■ **Ausgangspunkt:**
Konstanz-Litzelstetten.

■ **Wegverlauf:**
Kurz nach Litzelstetten in Richtung Oberdorf befindet sich ein Parkplatz. Hier gehen wir an der kleinen Kapelle von 1648 nach rechts hinunter, halten uns am

nächsten Querweg rechts, kurz danach links. Nun spazieren wir in einigen Windungen hinab zu einem querenden Sträßchen, dem wir mit dem Zeichen des Bodensee-Wanderwegs nach links folgen.

Wir kommen an Fließhorn vorbei, danach geht es eine Zeitlang durch eine Wohnstraße von Dingelsdorf. Hier können wir vor dem Fachwerkhaus Nr. 8 auf einer Treppe hinauf zur Kirche gehen und an ihr nach rechts zum Höhenrückenweg. Die Alternative: Wir spazieren noch etwas geradeaus weiter und gehen dann auf dem Sträßchen hinauf.

Die Pfarrkirche Sankt Nikolaus in **Dingelsdorf** geht ursprünglich auf die Karolingerzeit zurück, wurde im 15. Jahrhundert umgestaltet und um

1740 barockisiert. Im Chor sieht man spätgotische Wandmalereien. Der Hochaltar stammt von 1744 und wird Johann Caspar Bagnato zugeschrieben, die Seitenaltäre sind von 1727. Sehenswert sind auch die Skulpturen. Im Ort sollte der Spaziergänger noch die Wohngebäude Brotgasse 1 und Zur Schiffslände 6 beachten. Dabei handelt es sich um reich geschmückte Zierfachwerkhäuser von etwa 1700.

Der Höhenrückenweg bringt uns aus dem Ort. Nun geht es mit herrlichem Seeblick und vorbei an Kapellen und Flurkreuzen weiter. Wo der asphaltierte

Sankt Nikolaus in Dingelsdorf

Weg nach rechts zieht, haben wir zwei Möglichkeiten. Wir können entweder auf dem Schotterweg geradeaus weitergehen. Er zieht bei einem Anwesen nach rechts zur Straße, wo wir etwas weiter links schon unseren Ausgangspunkt sehen. Die andere Möglichkeit ist, dem asphaltierten Weg nach rechts zu einem Parkplatz bei der Straße zu

folgen; in Oberdorf gehen wir dann zu der interessanten Kirche und hier nach links weiter. Immer parallel zur Straße kommen wir zurück zum Ausgangspunkt.

Die Wallfahrtskapelle zum Heiligen Kreuz in **Oberdorf** wurde 1747 von Johann Caspar Bagnato erbaut; die Originaleinrichtung

31

Blick über Dingelsdorf zum See

blieb im Wesentlichen erhalten. Der Hauptaltar zeigt eine 1748 gemalte Kreuzigungsszene in einer Rocailleumrahmung, aus der die Leidenswerkzeuge herausragen. Thema des von Joseph Ignaz Appiani geschaffenen Deckenfreskos ist die Kreuzauffindung. Der Stuck an der Decke stammt von Francesco Pozzi.

■ **Länge:**
   Etwa 6 Kilometer.

■ **Zeit:**
   Etwa 2 Stunden.

■ **Höhenunterschied:**
   Etwa 120 Meter.

■ **Empfohlene Karte:**
   Freizeitkarte 511 Westlicher Bodensee, Landesvermessungsamt Baden-Württemberg.

■ **Einkehrmöglichkeit:**
   Litzelstetten.

■ **Wegbeschaffenheit / Kinderwageneignung:**
   Der Spaziergang verläuft auf festen Wegen, in Litzelstetten geht es allerdings steil nach oben.

Vorbei am Pferdehof

Konstanz-Wallhausen – Ziegelhof – Wallhausen

Dieser Spaziergang verläuft hoch über dem Bodensee, zu dem man immer eine ausgezeichnete Sicht hat. Wir kommen zuerst über Felder und Wiesen, danach geht es an einem Pferdehof vorbei.

■ **Ausgangspunkt:**
Konstanz-Wallhausen.

■ **Wegverlauf:**
Den Ausgangspunkt finden wir kurz nach Wallhausen rechts der Straße nach Dettingen. Dann folgen wir dem Sträßchen kurz aufwärts, zweigen aber gleich darauf mit dem Wanderzeichen weiß-rote Raute links ab. Nun geht es durch eine Felderlandschaft bis zu einem Landsträßchen.

Zuerst biegen wir links ab, halten uns aber gleich danach wieder links. Wir durchqueren den Pferdehof Ziegelhof, dann geht es hinab in ein Wohngebiet. Anschließend stoßen wir wieder auf die Landstraße, die uns links hinauf zum Ausgangspunkt führt.

■ **Länge:**
Etwa 3 Kilometer.

*Immer interessant:
der Yachthafen*

■ **Höhenunterschied:**
Etwa 50 Meter.

■ **Empfohlene Karte:**
Freizeitkarte 511 Westlicher Bodensee, Landesvermessungsamt Baden-Württemberg.

■ **Einkehrmöglichkeit:**
Wallhausen.

■ **Wegbeschaffenheit / Kinderwageneignung:**
Der Spaziergang verläuft auf festen Wegen.

■ **Zeit:**
Etwa 1 Stunde.

Durch den Wald zu einem See

Allensbach-Kaltbrunn – Mühlhalden – Türrainhöfe – Kaltbrunn

Zuerst spazieren wir am Waldrand entlang, was uns einen schönen Fernblick nach Süden beschert. Danach geht es entlang eines unter Naturschutz stehenden kleinen Sees zurück.

■ **Ausgangspunkt:**
Allensbach-Kaltbrunn.

■ **Wegverlauf:**
Den Ausgangspunkt finden wir, wenn wir von der Ortschaft Kaltbrunn aus in Richtung Langenrain fahren. Am Ende der ausgeprägten Linkskurve nach dem Ort zweigt rechts ein kleines Sträßchen ab, das uns zu einem Wanderparkplatz bringt. Hier nehmen wir den von der Straße links abzweigenden Schotterweg.

Der kleine See steht unter Naturschutz.

Wir gehen zuerst durch Baumwiesen, dann gelangen wir in den Wald, wo es bis zu einem »Verkehrsdreieck« ansteigt. Dabei haben wir an freien Stellen eine bemerkenswerte Aussicht auf die Bauernhöfe und den kleinen See, an dem wir auf dem Rückweg vorbeikommen. Nach dem Verkehrsdreieck geht es nur noch mäßig steigend weiter. Schließlich verlassen wir den Wald und spazieren nach rechts hinab zu einem Haus. An der Landstraße danach halten wir uns rechts und kommen zur Ansiedlung Mühlhalden. Wir gehen links an dem Haus vorbei und spazieren zuerst entlang des unter Naturschutz stehenden Sees, danach über die Türrainhöfe zurück zum Ausgangspunkt.

■ **Länge:**
Etwa 4½ Kilometer.

■ **Zeit:**
Etwa 2 Stunden.

■ **Höhenunterschied:**
Etwa 100 Meter.

■ **Empfohlene Karte:**
Freizeitkarte 511 Westlicher Bodensee, Landesvermessungsamt Baden-Württemberg.

■ **Wegbeschaffenheit /
Kinderwageneignung:**
Der Spaziergang verläuft auf geschotterten und asphaltierten Wegen.

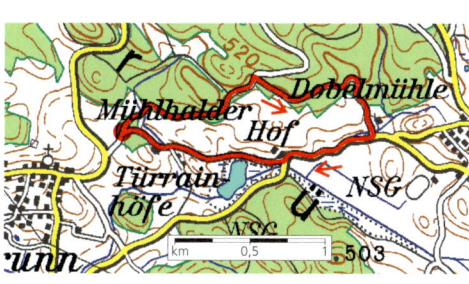

Weiter Blick in den Hegau

Allensbach-Langenrain – Röhrnang – Rebkapelle – Langenrain

Wir spazieren bei dieser Tour eine Zeitlang entlang des Waldrandes. Dabei bieten sich immer wieder weite Ausblicke in Richtung See und vor allem in den Hegau.

- **Ausgangspunkt:**
  Allensbach-Langenrain.

- **Wegverlauf:**
  Vor dem Start können wir die Kirche in Langenrain besuchen.

Die katholische Pfarrkirche Sankt Josef in **Langenrain** wurde Mitte des 14. Jahrhunderts als Kapelle erwähnt. 1463 ist dann eine Pfarrkirche erbaut worden; 1699 entstand im Zuge einer Erweiterung das heutige Gebäude. Sehenswert sind das Wappen des Patronatsherrn Josef Anton Christoph von Ulm († 1736) und seiner Frau Maria Theresia von Bodman, die Altäre mit Gemälden aus dem 18. Jahrhundert, das Taufbecken (1673), die aus Nussbaum geschaffene Kanzel (1700), das Weihnachtsbild (18. Jh.), das Kruzifix am Chorbogen (um 1600) und die Schutzengelgruppe aus der Mitte des 18. Jahrhunderts.

Das Schloss der Grafen von Bodman wurde 1684 bis 1686 erbaut. Es besitzt eine Freitreppe vor dem Rustikaportal; darüber befindet sich das Allianzwappen des Bauherrn und seiner Frau. In Langenrain trafen sich die badischen Revolutionäre der 1848er Revolution. Sehenswert sind Fachwerkbauten wie der Lehenhof Mok (um 1750) und die ehemalige Stöckenmühle (1748). Der einstige Wachturm »Sophienruhe« diente einst zur Beaufsichtigung der Weinberge und

bietet dem Spaziergänger heute einen weiten Rundumblick.

Von Langenrain aus fahren wir kurz in Richtung Liggeringen. Gleich nach dem Ort zweigt rechts ein Sträßchen in Richtung »Höfen« ab. Hier finden wir einen Parkplatz. Dann folgen wir dem Sträßchen in Richtung »Höfen«. Wer will, macht kurz darauf nach links einen Abstecher zu der Gastwirtschaft und geht darauf nach rechts wieder auf den Weg. Ansonsten spazieren wir geradeaus weiter zu einem Flurkreuz am Waldrand. Hier werden wir nach links verwiesen. Mit Fernblick zum See und ins Hegau folgen wir dem Waldrand und kommen schließlich hinab nach Röhrnang. Nach den Häusern biegen wir links ab und spazieren parallel zur Straße zurück zum Ausgangspunkt. Hier kann man nach rechts hinauf zur Rebkapelle gehen, wo sich uns ein weiter Blick nach Süden öffnet.

Das Feldkreuz zeugt von der Frömmigkeit der Leute.

■ **Länge:**
Etwa 3½ Kilometer.

■ **Zeit:**
Etwa 1 Stunde.

■ **Höhenunterschied:**
Etwa 70 Meter.

■ **Empfohlene Karte:**
   Freizeitkarte 511 Westlicher Bodensee, Landesvermessungsamt Baden-Württemberg.

■ **Einkehrmöglichkeit:**
   Höfen.

■ **Wegbeschaffenheit /
   Kinderwageneignung:**
   Der Spaziergang verläuft teilweise auf unbefestigten Wegen.

Der Weg führt am Waldrand entlang.

Blick zum Mindelsee

*Radolfzell-Möggingen – Dürrenhof –
Hirtenhof – Möggingen*

Bei dieser Tour spazieren wir hoch über dem idyllischen Natur-schutzgebiet Mindelsee, einem bedeutenden Vogelschutzgebiet, zu dem wir eine Zeitlang einen ausgezeichneten Blick genießen.

■ **Ausgangs-
   punkt:**
   Radolfzell-Möggin-gen.

■ **Wegverlauf:**
   Wir nehmen die gegenüber der Kir-che am Brunnen ab-

Sankt Gallus in Möggingen

gehende Dürrenhofstraße. Sie steigt zuerst an, nach dem Ort führt sie uns allerdings in leichtem Auf und Ab und mit herrlichem Blick auf den Mindelsee und das ihn umgebende Ried zum Dürrenhof. Insbesondere Kinder werden hier mit den Pferden ihre Freude haben.

Dann geht es weiter zum Hirtenhof, wo der Weg vor dem

Blick über die weiten Wiesen zum Mindelsee

Flurkreuz nach links abknickt. Kurz nach dem Hof gelangen wir auf dem links abzweigenden Weg in den Wald. Nun spazieren wir zuerst auf einem breiten Schotterweg, dann auf einem unbefestigten Weg weiter. Am Dürrenhof nehmen wir den rechts in den Wald führenden Weg, der mit der weißroten Raute markiert ist. Es steigt erst kurz an, dann geht es hinab zu einem quer verlaufenden Schotterweg, der uns nach links zurück zum Ortsanfang von Möggingen bringt. Nun spazieren wir auf bekanntem Weg zurück.

■ **Länge:**
Etwa 6½ Kilometer.

■ **Zeit:**
Etwa 2 Stunden.

■ **Höhenunterschied:**
Etwa 150 Meter.

■ **Empfohlene Karte:**
Freizeitkarte 511 Westlicher Bodensee, Landesvermessungsamt Baden-Württemberg.

■ **Einkehrmöglichkeit:**
Möggingen.

■ **Wegbeschaffenheit /
Kinderwageneignung:**
Der Spaziergang verläuft auf festen Wegen, durch den Wald allerdings ein Stück unbefestigt.

Zum Badeplatz am Mindelsee

Radolfzell-Möggingen – Schloss – Mindelsee – Möggingen

Zwar führt uns dieser Spaziergang zu jeder Jahreszeit durch eine idyllische Natur, besonders verlockend ist er aber im Sommer während der Badesaison: Wir gelangen nämlich zu einem Naturbadeplatz am idyllischen Mindelsee.

■ **Ausgangspunkt:**
   Radolfzell-Möggingen.

■ **Wegverlauf:**
   Entweder vor oder nach dem Spaziergang können wir das Schloss und die Kirche in Möggingen besuchen.

Das Schloss in **Möggingen** wurde 1363 erstmals erwähnt. Es ist von einer Wehrmauer und zwei Wassergräben umgeben. Im Torturm befindet sich eine Kapelle aus dem 15. Jahrhundert. Das Schloss selbst wurde um 1600 erbaut. In ihm ist heute eine Vogelwarte untergebracht. Die spätbarocke Kirche Sankt Gallus, deren Anfänge bis in die Romanik zurückreichen, stammt aus dem 18. Jahrhundert; auch die

Im Mögginger Schloss befindet sich die Vogelwarte.

Ausstattung ist barock. Kanzel und Chorgestühl sind mit Intarsien versehen.

Von Möggingen aus fahren wir nach Süden in Richtung Radolfzell. Gleich nach dem Ort liegt links der Parkplatz Mindelsee. Hier folgen wir dem in die Riedwiesen hineinführenden Weg. Er knickt nach rechts ab, überquert den Fällgraben und bringt uns zu einem querenden, breiten Weg. Hier biegen wir links ab und spazieren entlang der ausgedehnten Schilfbestände. Wo der Weg nach links zieht, führt nach rechts ein Pfad hinaus zu einem wunderschönen und kostenlosen Naturbadeplatz am Mindelsee, an dem sogar ein Badesteg steht. Auch wenn man nicht baden will, sollte man hinausgehen, denn es bietet sich von hier aus ein Blick auf den malerischen See.

Der **Mindelsee** liegt in der Grundmoränenlandschaft des Bodanrücks, die während der letzten Eiszeit vom Rheingletscher modelliert wurde und seit etwa 14 000 Jahren eisfrei ist. Seit 1938 stehen der Mindelsee und seine Umgebung unter Naturschutz. Es handelt sich um eines der ältesten Naturschutzgebiete des Landes. Das Gebiet ist 459 Hektar groß, davon sind 411 Hektar Natur- und 48 Hektar Landschaftsschutzgebiet. Das Moor ist bis zu zehn Meter mächtig. Der bis zu etwa 13,5 Meter tiefe See ist 2,2 Kilometer lang und über fünfhundert Meter breit; seine Uferlänge beträgt 5,3 Kilometer.

Etwa siebenhundert Blütenpflanzen, 120 Moos- und mehrere hundert Algenarten wurden hier schon gezählt, außerdem beinahe sechshundert Käfer-, mehr als 433 Schmetterlings- und vierzig Libellenarten. Kostbarkeiten der Pflanzenwelt sind in den Feucht- und Riedwiesen Mehlprimel, Fettkraut, Breitblättriges Wollgras, Schwalbenwurzenzian und stark gefährdete Orchideen wie Glanzstendel und Sommerdrehwurz. An Standorten auf trockenen Wiesen wachsen das Kleine Knabenkraut, das Brandknabenkraut und der Frühlingsenzian. Auch die Insektenwelt hat Besonderheiten aufzuweisen: Sumpfschrecke, Sumpfgrille und die Tagfalter Blaukernauge und Goldener Scheckenfalter leben hier; an Libellenarten findet man Helmazurjungfer, Gebänderte Prachtlibelle und die Späte Adonislibelle.

Mehr als neunzig Vogelarten, darunter so seltene wie Drosselrohrsänger, Fluss-Seeschwalbe, Neuntöter und Schwarzkehlchen brü-

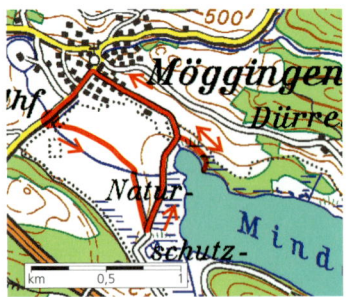

Badefreuden am Mindelsee

ten hier. Jedes Jahr wechseln über 20 000 Reiherenten im Herbst hier ihr Federkleid. Im Wasser leben Plötze, Rotfeder, Barsch, Hecht, Aal und Brachse. Bis in die Dreißigerjahre des 20. Jahrhunderts existierten hier sogar über zwei Meter lange Welse! Seit 1976 ist das Naturschutzgebiet als »international bedeutsames Feuchtgebiet für Wat- und Wasservögel« gemäß der Ramsar-Konvention anerkannt und damit ein wichtiger Bestandteil des internationalen Netzwerks »Natura 2000«.

Der Bund für Umwelt und Naturschutz (BUND) unterhält in der »Alten Mühle« in Möggingen ein Zentrum mit einer Ausstellung zum Thema Naturschutz.

Anschließend folgen wir dem Weg weiter, der uns nach Möggingen bringt. An der Durchgangsstraße biegen wir links ab und kommen zurück zum Ausgangspunkt.

- ■ **Länge:**
  Etwa 3½ Kilometer.

- ■ **Zeit:**
  Etwa 1 Stunde.

- ■ **Höhenunterschied:**
  Etwa 90 Meter.

- ■ **Empfohlene Karte:**
  Freizeitkarte 511 Westlicher Bodensee, Landesvermessungsamt Baden-Württemberg.

- ■ **Einkehrmöglichkeit:**
  Möggingen.

- ■ **Wegbeschaffenheit / Kinderwageneignung:**
  Der Spaziergang verläuft auf festen Wegen.

Blick auf »zwei Seen«

*Hofgut Bodenwald bei Bodman – Ruine
Bodman – Aussichtspunkt – Bodenwald*

Natürlich sehen wir bei dieser Wanderung nicht auf zwei verschiedene Seen, sondern auf die beiden westlichen Bodenseeteile Überlinger See im Norden und Gnadensee im Süden. Dabei befinden wir uns rund 280 bis dreihundert Meter über dem Wasser.

■ **Ausgangspunkt:**
Bodman-Ludwigshafen, Hofgut Bodenwald bei Bodman.

■ **Wegverlauf:**
Die Zufahrt zum Hofgut Bodenwald finden wir im Wald an der Straße von Liggeringen nach Bodman. Wir parken vor dem Hofgut und gehen zum Waldrand, wo wir ein großes Flurkreuz entdecken. Wer will, macht hier einen Abstecher zur

Tiefblick vom Bodanrück zum See

Ruine Bodman, die man schon von oben durch den Wald sehen kann. Hin und zurück ist die Strecke etwa einen Kilometer lang, allerdings geht es kräftig hinab und hinauf.

Ansonsten biegen wir rechts ab. Wir haben nicht nur einen schönen Blick nach rechts über die Wiesenlandschaft, sondern ab und zu auch nach links hinab zum Überlinger See. Es steigt erst an, dann fällt es wieder. Wo rechts ein breiter Weg abzweigt, biegen wir ab.

An der kurz danach folgenden Verzweigung halten wir uns rechts und stoßen bald auf den Bodensee-Wanderweg, dem wir nach rechts folgen. Wir können nun entweder auf dem breiten Forstweg zurückwandern, wobei wir links zu einem Aussichtspunkt gelangen können, der uns einen eindrucksvollen Blick zum Gnadensee und zu den Alpen öffnet. Man kann aber auch, bald nachdem wir auf den Bodensee-Wanderweg getroffen sind, dem Zeichen nach links folgen. Hier geht es allerdings auf einem schmalen Pfad weiter, wobei wir auch an dem Aussichtspunkt vorbeikommen.

Zum Hofgut Bodenwald gehört auch eine etwa 20 Tiere umfassende Bisonherde – für Kinder eine Sensation.

Auch ein kalter Wintermorgen lockt hinaus auf den Bodanrück.

■ **Länge:**
Etwa 3½ Kilometer; Ruine Bodman zusätzlich etwa 1 Kilometer.

■ **Zeit:**
Etwa 1 Stunde (ohne Ruine).

■ **Höhenunterschied:**
Etwa 70 Meter.

■ **Empfohlene Karte:**
Freizeitkarte 511 Westlicher Bodensee, Landesvermessungsamt Baden-Württemberg.

■ **Einkehrmöglichkeit:**
Hofgut Bodenwald.

■ **Wegbeschaffenheit /
Kinderwageneignung:**
Der Spaziergang verläuft auf festen Wegen.

Bodenseeblick von den Riedwiesen

Bodman-Ludwigshafen – Riedwiesen – Aussichtsplattform – Bodman

Dieser Spaziergang führt uns durch die Riedwiesen zwischen Ludwigshafen und Bodman. Wir haben einen herrlichen Blick auf den See und können auch direkt ans Ufer gehen .

- **Ausgangspunkt:**
  Bodman-Ludwigshafen.

- **Wegverlauf:**
  Der Spaziergang beginnt am westlichen Ortsrand von Bodman bei den Sportplätzen. Hier kommen wir zwischen der Sporthalle und den Tennisplätzen hindurch und folgen dem Weg zur Landstraße. Wir gehen an der Straße entlang und spazieren an ihrer Verzweigung bald danach geradeaus weiter in Richtung Ludwigshafen.

  An der Kläranlage biegen wir rechts in den Feldweg ab. Wir spazieren an einem Wäldchen entlang; an der Verzweigung danach gehen wir auf dem rechten Weg weiter. Er bringt uns zum Wanderwegweiser Im Hagen, bei dem wir geradeaus in Richtung »Bahnübergang« weitergehen. Diesen erreichen wir

An der Stockacher Aach

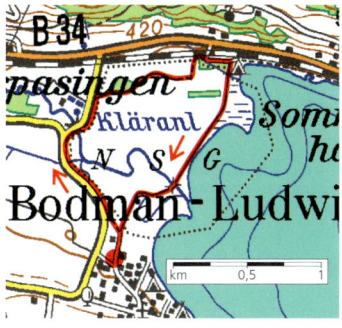

■ **Länge:**
Etwa 4¼ Kilometer.

■ **Zeit:**
Etwa 1½ Stunden.

■ **Höhenunterschied:**
Unwesentlich.

■ **Empfohlene Karte:**
Freizeitkarte 511 Westlicher Bodensee, Landesvermessungsamt Baden-Württemberg.

kurz darauf, spazieren aber nach rechts über den Parkplatz auf den Campingplatz zu. Vor ihm biegen wir am Schild *Campingplatz Ludwigshafen* rechts ab. Nun haben wir bald herrliche Blicke auf den Bodensee. Wir kommen an einer Aussichtsplattform vorbei und überqueren darauf die Stockacher Aach. Danach bleiben wir auf dem festen Weg und sind bald zurück am Ausgangspunkt.

■ **Einkehrmöglichkeit:**
Bodman.

■ **Wegbeschaffenheit /
Kinderwageneignung:**
Der Spaziergang verläuft auf festen Wegen, die zeitweise etwas holprig sein können. Kurzzeitig gehen wir auf einem schmalen, geschotterten Pfad.

Am Seeufer zwischen Bodman und Ludwigshafen

Durch die Obstplantagen

Ludwigshafen-Bodman – Riedwiesen – Bodman

Zuerst gehen wir entlang der Riedwiesen zwischen Ludwigshafen und Bodman, dann führt uns dieser Spaziergang einige Zeit durch die Obstplantagen bei Bodman.

■ **Ausgangspunkt:**
Bodman-Ludwigshafen.

■ **Wegverlauf:**
Am besten starten wir an den Sportplätzen am westlichen Ortsrand von Bodman. Dann gehen wir zwischen der Sporthalle und den Tennisplätzen hindurch und folgen dem Weg zur Landstraße. Wir gehen an der Straße entlang und halten uns an ihrer Verzwei-

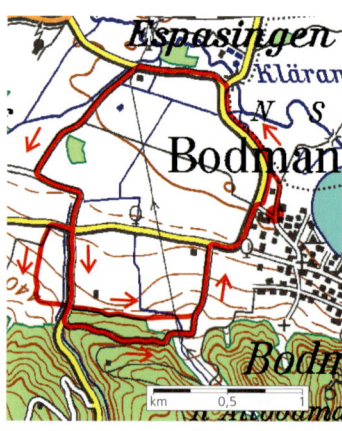

gung bald danach links. Nun geht es kurz entlang der Straße, bis wir bei einem Hof (Im Ried 1) nach links abzweigen können.

Nun spazieren wir durch die idyllischen Riedwiesen bis zu einem Querweg, dem wir nach links folgen. Er knickt bald darauf rechts ab und bringt uns zur Landstraße. Jetzt bieten sich uns zwei Möglichkeiten. Wir können der gegenüber abgehenden Landstraße in Richtung »Liggeringen« bis zum Waldrand folgen oder uns kurz rechts halten und dann links in die Obstplantagen abzweigen. Der Weg zieht bald darauf nach links und bringt uns zur Landstraße am Waldrand.

Auch jetzt haben wir zwei Möglichkeiten, zwischen denen wir vielleicht je nach Sonneneinstrahlung und Hitze entscheiden. Wir können entweder dem Weg am Waldrand entlang folgen oder den Weg im schattigen Wald bevorzugen. Der Waldweg zieht bald nach links und bringt uns zu den Obstwiesen, wo

Blick über die Bodmaner Obstplantagen nach Ludwigshafen

wir auf den Weg treffen, der am Waldrand entlanggeführt hat. Ihm folgen wir nach rechts hinab zum Ortsrand von Bodman. Wir biegen an der Landstraße rechts ab und folgen ihr auch da in Richtung Zentrum, wo sie nach links zieht. Kurz danach können wir nach links zum Ausgangspunkt gehen.

■ **Länge:**
Etwa 5 Kilometer.

■ **Zeit:**
Etwa 1½ Stunden.

■ **Höhenunterschied:**
Etwa 20 Meter.

■ **Empfohlene Karte:**
Freizeitkarte 511 Westlicher Bodensee, Landesvermessungsamt Baden-Württemberg.

■ **Einkehrmöglichkeit:**
Bodman.

■ **Wegbeschaffenheit /
Kinderwageneignung:**
Der Spaziergang verläuft auf festen Wegen.

Vom See zur Kapelle

Steißlinger See – Heiligkreuzkapelle –
Steißlinger See

Am Ausgangspunkt Steißlinger See kann man baden, aber das wollen wir uns – wie bei Tour 18 – für den Abschluss des Spaziergangs aufheben. Die Tour ist zu jeder Jahreszeit schön und interessant, führt sie doch vom See zu einer malerischen Kapelle.

■ Ausgangspunkt:
Steißlingen.

Am Steißlinger See

■ Wegverlauf:
Gestartet wird am Steißlinger See, den wir zuerst auf seiner Westseite ein Stück weit umrunden. Dann zieht der Weg nach links und bringt uns zwischen den Wohnhäusern zur Landstraße. Wir folgen ihr nach rechts und zweigen gleich nach dem Ort auf den links der Straße verlaufenden Feldweg ab.

Der Weg zieht bald darauf nach links. Wo es nicht mehr geradeaus weitergeht, biegen wir links ab und kommen zu einer anderen Landstraße. Jetzt halten wir uns rechts und marschieren zur Heiligkreuzkapelle. Auch wenn sie verschlossen ist, bietet sie doch ein idyllisches Bild.

Die **Heiligkreuzkapelle** wurde 1698/99 erbaut. Wir sollten das Wappen der Steißlinger Ortsherren als Stifter von 1698 über dem Eingang und die Sonnenuhr von 1699 auf der Südseite beachten. In den um 1720 geschaffenen Altären findet man sehenswerte Plastiken.

In der ersten Hälfte des 18. Jahrhunderts wurde ein Bruderschaftshaus angebaut.

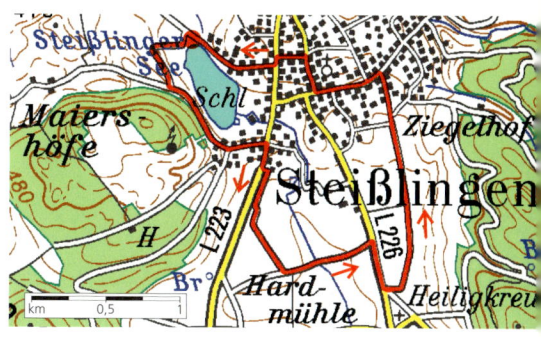

Nach dem Kapellenbesuch gehen wir zurück in Richtung Steißlingen. Wo kurz danach zwei Wege rechts abzweigen, nehmen wir den, der im rechten Winkel abgeht und gleich darauf nach links zieht. Er bringt uns zurück nach Steißlingen.

Die Pfarrkirche Sankt Remigius in **Steißlingen** ist eine spätgotische Saalkirche (1465–1503). Das Tonnengewölbe unter dem Turm war das ehemalige Beinhaus und diente später als Gruft der Ortsherren. Im Chor befindet sich ein spätgotisches Netzrippengewölbe mit neugotischer Rankenmalerei. Die Wappenscheiben im Chor stammen vom Ende des 15. Jahrhunderts. 1515 entstanden das Sakramentshaus und das Chorgestühl. Im Chorbogen ist eine Mondsichelmadonna zu sehen; sie gehörte zusammen mit den Figuren von Johannes dem Täufer und Johannes dem Evangelisten zu einem Rosenkranzaltar. Das Kruzifix wurde um 1500 geschaffen, der heilige Nepomuk Mitte des 18. Jahrhunderts.

Wir gehen, bis es im Ort an einer Querstraße nicht mehr geradeaus weitergeht. Dann biegen wir links ab und spazieren, vorbei an einem prächtigen Fachwerkhaus, bis zu einer Querstraße nach einem Haus mit grauem Fachwerk. Wir halten uns rechts und zweigen bald darauf links in die Beurener Straße ab, die uns zum See zurückbringt.

■ **Länge:**
Etwa 7 Kilometer.

■ **Zeit:**
Etwa 2 Stunden.

■ **Höhenunterschied:**
Etwa 50 Meter.

■ **Empfohlene Karte:**
Freizeitkarte 511 Westlicher Bodensee, Landesvermessungsamt Baden-Württemberg.

■ **Einkehrmöglichkeit:**
Steißlingen.

■ **Wegbeschaffenheit / Kinderwageneignung:**
Der Spaziergang verläuft auf festen Wegen.

Vom See zum Hegaublick

Steißlinger See – Hegaublick – Steißlinger See

Der Steißlinger See, in dem man in der wärmeren Jahreszeit zum Abschluss des Spaziergangs baden kann, dient wie in Tour 17 als Ausgangspunkt. Doch auch bei niedrigen Temperaturen bietet der See einen idyllischen Anblick. Auf dem Weiterweg haben wir Aussicht auf die Vulkanberge des Hegaus.

■ **Ausgangspunkt:**
   Steißlingen.

■ **Wegverlauf:**
   Start ist am Steißlinger See. Wir folgen hier dem an ihm entlangfüh-

renden Sträßchen. Am Wald macht es einen Links-, dann einen Rechts-knick, und kurz darauf zieht es nach links. Nun haben wir den erwähnten Hegaublick. Wo an einer Rechts-kurve links ein Feldkreuz steht, bie-

Blick nach Beuren

gen wir links ab. Wir spazieren zuerst durch den Wald, nach ihm halten wir uns links.

Über die Ansiedlung Maiershöfe geht es nun zurück nach Steißlingen. An der Durchgangsstraße biegen wir links ab und folgen ihr nach Norden, bis die Beurener Straße links abgeht und uns zurück zum See bringt.

- **Länge:**
  Etwa 7½ Kilometer.

- **Zeit:**
  Etwa 2–3 Stunden.

- **Höhenunterschied:**
  Etwa 80 Meter.

- **Empfohlene Karte:**
  Freizeitkarte 511 Westlicher Bodensee, Landesvermessungsamt Baden-Württemberg.

- **Einkehrmöglichkeit:**
  Steißlingen.

- **Wegbeschaffenheit /
  Kinderwageneignung:**
  Der Spaziergang verläuft auf festen Wegen.

*Blick über den See
nach Steißlingen*

Zu den Heidenhöhlen

Stockach / Berlinger Siedlung – Heidenhöhlen –
Berlinger Siedlung

Der Weg zu den Höhlen ist zwar nicht lang, aber nur etwas für Spaziergänger, die auf schmalen Pfaden neben einem Steilhang gehen können. Das bedeutet auch, dass diese Strecke nicht mit Kinderwagen gegangen werden kann. Wer diese Einschränkung jedoch in Kauf nimmt, gelangt zu einer echten Natursehenswürdigkeit.

- **Ausgangspunkt:**
  Stockach / Berlinger Siedlung.

- **Wegverlauf:**
  Wir erreichen den Ausgangspunkt, wenn wir von Stockach in Richtung Zoznegg fahren. Wo nach einer kurzen freien Landschaft links Häuser und rechts ein Wald zu sehen sind, finden wir rechts am Waldrand einen Parkplatz, wo wir das Auto abstellen.

Die Höhlen locken zum Erkunden.

Dann gehen wir auf die linke Straßenseite, wo wir das Wanderschild »Berlinger Siedlung« (554 m) erblicken. Wir gehen mit dem Zeichen gelbe Raute in Richtung »Heidenhöhlen« durch die Siedlung hindurch und halten uns danach rechts. Es steigt etwas an, dann kommen wir zum Waldrand, wo wir uns zweimal links orientieren. Wir spazieren kurz durch den Wald bis zum Schild »Bei den Heidenhöhlen« (600 m). Jetzt zweigen wir nach rechts ab und steigen teilweise auf Stufen hinauf zu den Höhlen.

Die **Heidenhöhlen** sind acht tiefe und teilweise durch Gänge miteinander verbundene Hohlräume. Sie wurden künstlich geschaffen, nämlich in gelbe Sande (Glaukonitsande) gegraben, die in der Oberen Meeresmolasse liegen. Ihr Alter ist jedoch umstritten. In einer dieser Höhlen fand man römische Münzen. Auch im Mittelalter werden die Menschen wohl Schutz in ihnen gefunden haben.

Nachdem wir die Höhlen besichtigt haben, folgen wir dem Pfad immer geradeaus weiter. Schließlich beschreibt er eine scharfe Linkskurve. Kurz danach wenden wir uns mit dem querenden breiten Weg nach rechts. Er zieht in einem weiten Bogen um die Bergnase und trifft dann auf einen anderen Weg. Auf ihm gehen wir nach links, parallel zum Bach, hinab und verlassen kurz danach den Wald. Nun wandern wir auf dem Asphaltsträßchen nach rechts.

In der nächsten Ansiedlung halten wir uns am Schild »Weiher« (572 m) rechts und spazieren in nicht einmal einer Viertelstunde zurück zum Ausgangspunkt.

■ **Länge:**
Etwa 3½ Kilometer.

■ **Zeit:**
Etwa 1–1½ Stunden.

■ **Höhenunterschied:**
Etwa 180 Meter.

■ **Empfohlene Karte:**
Freizeitkarte 511 Westlicher Bodensee, Landesvermessungsamt Baden-Württemberg.

■ **Einkehrmöglichkeit:**
Stockach.

■ **Wegbeschaffenheit / Kinderwageneignung:**
Um die Heidenhöhlen schmale Pfade. Man sollte bei den Steilabstürzen auf die Kinder aufpassen. Ansonsten Forstwege und Sträßchen.

Von Sipplingen durch Baumwiesen

Sipplingen – Streuobstwiesen – Sipplingen

Besonders empfehlenswert ist diese Tour, bei der wir die Streuobstwiesen bei Sipplingen durchqueren, im Frühjahr zur Zeit der
Blüte. Immer wieder genießen wir den Blick über den Bodensee.

■ **Ausgangspunkt:**
Sipplingen.

■ **Wegverlauf:**
Auf der nach »Hödingen«
führenden Straße fahren wir zum
Sportplatz, bei dem unser Spaziergang beginnt. Wir folgen dem
Sträßchen über die Baumwiesen
weiter. Wo es nach links zieht und
geradeaus »Nur für Anlieger« frei
ist, spazieren wir geradeaus weiter
bis zu Häusern, bei denen wir uns
rechts halten.

Frühlingsblick zur Sipplinger Kirche

Bei einem großen Flurkreuz erreichen wir ein querendes Sträßchen. Nach rechts bringt es uns zum Ortsanfang von Sipplingen. Wir biegen rechts ab und kommen zurück zum Sportplatz.

■ **Länge:**
Etwa 3½ Kilometer.

■ **Zeit:**
Etwa 1 Stunde.

■ **Höhenunterschied:**
Etwa 80 Meter.

■ **Empfohlene Karte:**
Freizeitkarte 511 Westlicher Bodensee, Landesvermessungsamt Baden-Württemberg.

■ **Einkehrmöglichkeit:**
Sipplingen.

■ **Wegbeschaffenheit /
Kinderwageneignung:**
Der Spaziergang verläuft auf festen Wegen.

Seeblick rund um Hödingen

Überlingen-Hödingen – Schloss – Hödingen

Durch eine lebhaft modellierte Landschaft, die uns immer wieder interessante Blicke zum See verspricht, zeichnet sich dieser Spaziergang aus. Wir wandern durch Obstplantagen und Weinberge.

■ **Ausgangspunkt:**
Überlingen-Hödingen.

■ **Wegverlauf:**
Vor dem eigentlichen Spazier-

gang können wir uns Hödingen etwas genauer betrachten.

Die katholische Pfarrkirche Sankt Bartholomäus in **Hödingen** wurde

Blick über die Weinberge zum See

Ort. Nach dem Dorf bieten sich herrliche Blicke zum Bodensee. Wo die Straße rechts abknickt, biegen wir links ab und wandern hoch zum Schloss. Die Straße durchzieht die Ansiedlung nach rechts und knickt dann links ab. Durch eine Wiesenlandschaft kommen wir zu einem Landsträßchen. Hinter diesem Sträßchen gehen wir geradeaus weiter bis zu einem Hof und biegen nach diesem links ab in die Dreilindenstraße, die uns nach Hödingen zur Durchgangsstraße zurückbringt. Nach rechts schwenkend erreichen wir den Brunnen.

im Jahr 1685 als Wallfahrtskirche erbaut. 1902 erfolgte ihre Ausstattung im Stil der Neorenaissance. Die Figuren im Hochaltar gehen auf das 15. Jahrhundert zurück. Sehenswert sind auch das reich geschmückte Chorgitter, die Kanzel, das Gestühl und die Triumphkreuzgruppe. In der Brunnenstraße 17/19 ist eine Hofanlage von etwa 1800 zu sehen.

Vom Brunnen in der Ortsmitte spazieren wir auf dem Sträßchen nach »Überlingen Goldbach« aus dem

- ■ **Länge:**
  Etwa 4½ Kilometer.

- ■ **Zeit:**
  Etwa 1½ Stunden.

- ■ **Höhenunterschied:**
  Etwa 100 Meter.

- ■ **Empfohlene Karte:**
  Freizeitkarte 511 Westlicher Bodensee, Landesvermessungsamt Baden-Württemberg.

- ■ **Wegbeschaffenheit / Kinderwageneignung:**
  Der Spaziergang verläuft auf festen Wegen.

Mit Fernsicht über die Wiesen

Überlingen-Bambergen – Ernatsreute – Wackenhausen – Bambergen

Bei dieser Tour spazieren wir durch eine lebhaft gestaltete Landschaft mit Wiesen und Feldern. Sie führt uns vorbei am idyllisch gelegenen Schönbuchhof. Unterwegs bietet sich uns ein weiter Blick. Wer will, kann den Spaziergang um etwa ein Drittel abkürzen.

■ **Ausgangspunkt:**
Überlingen-Bambergen.

■ **Wegverlauf:**
Von der nach Owingen führenden Straße weist ein Schild zum Parkplatz DHG. Zuerst bewundern wir hier das gusseiserne Flurkreuz, dann spazieren wir in den Ort hinein.

Die katholische Kapelle Sankt Marien in **Bambergen** wurde etwa 1600 erbaut. Sie besitzt einen Flügelaltar von etwa 1520. Im Ort findet man einige Gehöfte aus dem 17./18. Jahrhundert, außerhalb den mit Fachwerk

geschmückten Schönbuchhof (um 1700) und die Reutemühle (1783).

An der nächsten Querstraße halten wir uns links in Richtung »Ernatsreute«. Wir spazieren über die Wiesen am Freizeitheim Lindenwiese vorbei, dann an einem Wäldchen. An seinem Ende kann man, wenn einem der ganze Spaziergang zu

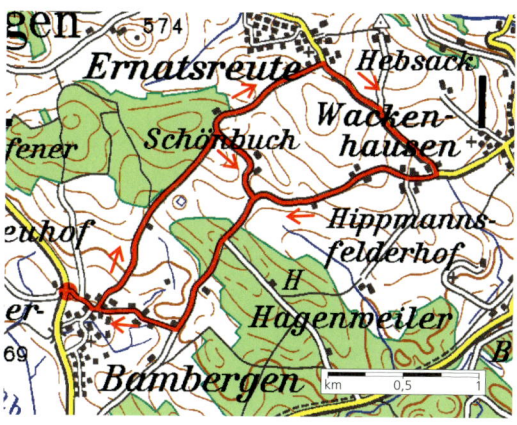

Reiches Bauernland: Wiesen, Felder und Höfe

lang ist, nach rechts zum Hof Schönbuch abzweigen. Nach dem Hof
treffen wir auf das Sträßchen, auf
dem auch die lange Tour verläuft;
hier halten wir uns rechts.

Ansonsten spazieren wir weiter
bis Ernatsreute, wo wir uns nach
rechts halten. Nun geht es etwa
einen Kilometer auf einer etwas
belebteren Landstraße bis Wacken-
hausen. Wo die Straße hier links
abknickt, biegen wir rechts ab in
die Bamberger Straße. Wir spazieren nun, weiter mit schönem Blick
über die Wiesen, vorbei an den
Höfen Oberhof, Neues Haus und
Schönbuch, bis bei einem Haus die
Dorfstraße rechts abgeht. Sie bringt
uns zurück zum Ausgangspunkt.

■ **Länge:**
Etwa 6½ Kilometer.

■ **Zeit:**
Etwa 2 Stunden.

■ **Höhenunterschied:**
Etwa 140 Meter.

■ **Empfohlene Karte:**
Freizeitkarte 511 Westlicher
Bodensee, Landesvermessungsamt
Baden-Württemberg.

■ **Wegbeschaffenheit /
Kinderwageneignung:**
Der Spaziergang verläuft auf festen
Wegen.

Rund um das Rokoko-Juwel Birnau

Wallfahrtskirche Birnau – Hofgut Birnau – Wallfahrtskirche

Eine der schönsten und bekanntesten Kirchen im Bodenseeraum ist die Wallfahrtskirche in Birnau. Sie zu besichtigen nimmt sicherlich einige Zeit in Anspruch. Danach gibt es mehrere Möglichkeiten, sich die Füße zu vertreten, wobei wir immer einen Blick auf die Kirche genießen können.

■ **Ausgangspunkt:**
Birnau, Gemeinde Uhldingen-Mühlhofen.

■ **Wegverlauf:**
Auf jeden Fall sollten wir die Birnauer Kirche besuchen, möglichst vor dem Spaziergang.

Birnau wurde bereits 1318 als Wallfahrtsstätte genannt und gehört seit 1384 zum Kloster Salem. Baubeginn der jetzigen Anlage war 1746. Als Baumeister fungierte Peter Thumb, als dessen reifstes Werk sie gilt. Auch Joseph Anton Feuchtmayer (auch: Feichtmayr) war maßgeblich beteiligt, die plastische Ausstattung geht teilweise auf Johann Georg Dirr und Franz Anton Dirr zurück. Nach der Säkularisation Salems 1804 wurde die Kirche bis 1919 geschlossen. Der Hochaltar stammt von 1748,

die »Birnauer Madonna« von etwa 1420. Die vier überlebensgroßen Figuren stammen von Feuchtmayer. Beeindruckend sind die Stuckaturen und die Deckenfresken, das berühmteste Kunstwerk aber ist sicherlich die Figur des »Honigschleckers«, der auf die rednerische Gabe des heiligen Bernhard hinweist.

Wer nur eine kurze Strecke unterwegs sein will, nimmt den Weg, der vor der Kirche nach rechts hinabführt. Vor der Bahnlinie halten

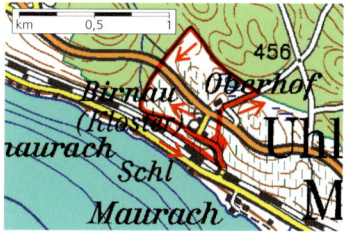

Hoch über dem See in den Weinbergen thront die Wallfahrtskirche Birnau.

Auf der anderen Seite der Straße gehen wir weiter auf einem Wiesenweg hinab zur Bahnlinie. Nun haben wir zwei Möglichkeiten. Entweder wir nehmen den nach links zur Kirche hochziehenden schmalen Weg, oder wir gehen ein Stück entlang der Bahnlinie nach links. Wo wir auf ein querendes Sträßchen treffen, biegen wir links ab und kommen zurück zur Kirche.

wir uns links und spazieren an ihr entlang, bis unser Weg auf ein Sträßchen trifft. Nach links bringt es uns wieder zurück zur Kirche. Dieser Spaziergang nimmt kaum eine Stunde in Anspruch.

Den Weg, der parallel zum Sträßchen hinauf in Richtung B 31 führt, nehmen diejenigen, die etwas länger spazieren wollen. Wir unterqueren die Bundesstraße und kommen zum Hofgut Birnau. Hier biegen wir mit dem Wanderzeichen blauer Strich rechts ab und spazieren bis zum Waldrand. Vor diesem Waldrand biegen wir links ab und gehen an ihm entlang, bis der Wald nach links abknickt. Wir biegen ebenfalls links ab und spazieren immer geradeaus, die rechts abgehenden Wege ignorierend und am Schluss auf einem Wiesenweg, zur Bundesstraße.

■ **Länge:**
Etwa 3 Kilometer.

■ **Zeit:**
Etwa 1 Stunde.

■ **Höhenunterschied:**
Etwa 150 Meter.

■ **Empfohlene Karte:**
Freizeitkarte 511 Westlicher Bodensee, Landesvermessungsamt Baden-Württemberg.

■ **Einkehrmöglichkeit:**
Birnau, Hofgut Birnau.

■ **Wegbeschaffenheit / Kinderwageneignung:**
Der Spaziergang verläuft großenteils auf festen Wegen, ein Stück auch unbefestigt auf einem Wiesenweg.

Zu einem kleinen See

Birnau – Deisendorf – Affenberg bei Salem – Birnau

Zu diesem Spaziergang starten wir entweder bei der sehenswerten Kirche in Birnau oder beim Affenberg bei Salem. In beiden Fällen können wir vor oder nach dem Spaziergang beim jeweiligen Ausgangspunkt noch etwas unternehmen. Ansonsten führt uns diese Tour an einem idyllischen kleinen See vorbei.

■ **Ausgangspunkt:**

Birnau, Gemeinde Uhldingen-Mühlhofen (oder beim Affenberg bei Salem).

■ **Wegverlauf:**

In Birnau gehen wir auf dem Fußgängerweg parallel zum Sträßchen hinauf zur B 31. Nun unterqueren wir die Bundesstraße und biegen beim Hofgut Birnau mit dem Wanderzeichen blauer Strich rechts ab. Wir kommen zum Waldrand und gehen geradeaus bis zu einem Wanderschild; jetzt halten wir uns links. Es geht nun ein Stück durch den Wald, dann über die Wiesen bis vor Deisendorf. Vor dem Ort finden wir links eine Hütte mit Grillmöglichkeit.

Interessante Lehrtafeln am Wegesrand

blauer Strich zurück zum Hofgut beziehungsweise zur Kirche.

Wer beim Affenberg startet, nimmt am Parkplatz 2 das dort abgehende Sträßchen, das mit dem Zeichen blauer Punkt markiert ist. Es bringt uns direkt zum Hofgut Birnau. Von dort kann man zur nahen Kirche gelangen und sie besichtigen. Wer nicht so weit spazieren will, biegt am Wanderzeichen noch vor dem Waldrand rechts ab und geht direkt nach Deisendorf und von dort aus zurück zum Affenberg.

■ **Länge:**
Etwa 8 Kilometer.

■ **Zeit:**
Etwa 2½ Stunden.

■ **Höhenunterschied:**
Etwa 130 Meter.

■ **Empfohlene Karte:**
Freizeitkarte 511 Westlicher Bodensee, Landesvermessungsamt Baden-Württemberg.

■ **Einkehrmöglichkeit:**
Birnau, Hofgut Birnau, Affenberg.

■ **Grillgelegenheit:**
Vor Deisendorf.

■ **Wegbeschaffenheit / Kinderwageneignung:**
Der Spaziergang verläuft auf festen Wegen.

Bei den ersten Häusern biegen wir scharf rechts ab und kommen bald zu einem idyllischen, schilfumstandenen See. Kurz nach diesem See erreichen wir einen querenden Weg. Wir halten uns rechts und spazieren mit dem Wanderzeichen

Von Birnau zu den Pfahlbauten

Wallfahrtskirche Birnau – Seefelden – Unteruhldinger Pfahlbauten – Birnau

Zwei der bemerkenswertesten Sehenswürdigkeiten am Bodensee besuchen wir auf diesem Spaziergang. Wir starten – wie schon bei Tour 24 – bei der Birnauer Kirche und spazieren mit Seeblick zu den berühmten Pfahlbauten bei Unteruhldingen.

■ **Ausgangspunkt:**
Birnau, Gemeinde Uhldingen-Mühlhofen.

■ **Wegverlauf:**
Vor der Kirche gehen wir links hinab zur Bahnlinie und folgen dieser nach links. Bald unterqueren wir die Bahnstrecke nach rechts und spazieren nun am Strand auf dem Bodensee-Wanderweg. Wir kommen nach Seefelden, wo es am Friedhof entlang zum Pfahlbaumuseum weitergeht. Zurück spazieren wir auf demselben Weg.

Die katholische Kirche Sankt Martin in **Seefelden** stammt von etwa 1450, der Turm geht auf die Hochromanik zurück. Taufstein und Kanzel wurden Ende des 17. Jahrhunderts geschaffen. Die Kirche besitzt ein Gewölbe aus der Spätgotik und ein Wandtabernakel. Aus der Werkstatt von Joseph Anton Feuchtma-

yer (um 1750) stammen die beiden Beichtstühle. Die Wohngebäude in unmittelbarer Umgebung der Kirche entstanden im 18. Jahrhundert; darunter befinden sich das Fischerhaus, ein prächtiges Fachwerkhaus

Die Unteruhldinger Pfahlbauten stehen auf Pfählen im Wasser.

aus dem 18. Jahrhundert, das Mesnerhaus mit Back- und Ofenhaus
(um 1800, Nr. 1) und der Pfarrhof
(1779, Nr. 4).

Die Pfahlbausiedlung in **Unteruhldingen** wurde 1922 bis
1940 errichtet. Sie weist auf Sied-
lungsformen der Stein- und der
Bronzezeit Oberschwabens und des
Bodenseeraums hin. Wohl noch
nicht endgültig geklärt worden ist,
ob die Häuser einst im Wasser
oder am Ufer standen. Sie wurden
möglicherweise nur durch eine An-
hebung des Seespiegels versenkt.
Die damaligen Bauformen wurden
im Museum naturgetreu wiederhergestellt. Außerhalb des Muse-
ums entstand ein zwei Kilometer
langer historischer »Zeitweg«,
der mit zwanzig Stationen Informationen über zehntausend Jahre
Landschafts- und Kulturgeschichte
bietet.

■ **Länge:**
Etwa 5¼ Kilometer.

■ **Zeit:**
Etwa 1½ Stunden.

■ **Höhenunterschied:**
Etwa 50 Meter.

■ **Empfohlene Karte:**
Freizeitkarte 511 Westlicher
Bodensee, Landesvermessungsamt
Baden-Württemberg.

■ **Einkehrmöglichkeit:**
Birnau, Hofgut Birnau.

■ **Wegbeschaffenheit /
Kinderwageneignung:**
Der Spaziergang verläuft auf festen
und unbefestigten Wegen.

■ **Sonstiges:**
Badegelegenheit in Seefelden.

Vom Mimmenhausen zum Stausee

Salem-Mimmenhausen – Martinsweiher – See – Mimmenhausen

Bei diesem Spaziergang gelangen wir wie beim folgenden zu einem der beiden Seen in der Nähe von Mimmenhausen. Wir gehen durch eine weite Wiesenlandschaft und erfreuen uns immer wieder an einem weiten Ausblick bis zu den Alpen.

■ **Ausgangspunkt:**
Salem-Mimmenhausen.

■ **Wegverlauf:**
Etwas nördlich der Kirche folgen wir der von der Durchgangsstraße nach Westen abzweigenden Tüfinger Straße. Nach dem Ort kommen wir zu einer Verzweigung, wo wir mit dem Zeichen gelbe Raute nach links in Richtung »Martinsweiher« abbiegen.

Nach einem rechts des Wegs liegenden Gehöft erreichen wir den See und wandern rechts von ihm weiter.

Nachdem wir an einem zweiten See vorbeigegangen sind, treffen wir auf ein querendes Sträßchen, in das wir rechts einbiegen. Ihm folgen wir bis zu einem Querweg vor einer kleinen Verkehrsinsel mit

Blick durchs Ried auf den Martinsweiher

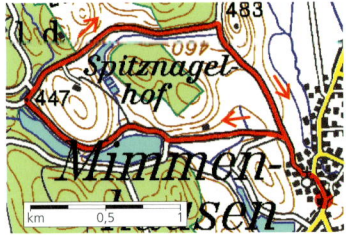

einem Flurkreuz. Wir biegen rechts ab und spazieren mit dem blauen Kreuz zurück nach Mimmenhausen.

■ **Länge:**
Etwa 5 Kilometer.

■ **Zeit:**
Etwa 1½ Stunden.

■ **Höhenunterschied:**
Unwesentlich.

■ **Empfohlene Karte:**
Freizeitkarte 511 Westlicher Bodensee, Landesvermessungsamt Baden-Württemberg.

■ **Wegbeschaffenheit / Kinderwageneignung:**
Der Spaziergang verläuft auf festen Wegen.

Von See zu See

Parkplatz bei Salem-Mimmenhausen – zwei Seen – Parkplatz

An einem idyllischen, schilfbestandenen See entlang führt uns dieser Spaziergang. Dabei erfreuen wir uns anfangs am Ausblick auf den Ort. Wir kommen zu einem weiteren Gewässer, von dem aus wir zu den Bergriesen der Alpen sehen können. Dann geht es wieder zurück. Wenn wir Glück haben, können wir Enten, Störche und Graureiher beobachten.

■ **Ausgangspunkt:**
Salem-Mimmenhausen, See.

■ **Wegverlauf:**
Die sehenswerte Kirche in Mimmenhausen können wir vor oder nach dem Spaziergang besichtigen.

In der katholischen Pfarrkirche in **Mimmenhausen** sind Reste der wertvollen Einrichtung des 1969 bis auf den Turm abgebrochenen Vorgängergebäudes erhalten. Beeindruckend sind die Hans Christoph Schenck zugeschriebene

Triumphkreuzgruppe (1633), der Kanzelkorb (um 1600), der wohl von Joseph Anton Feuchtmayer geschaffene Tabernakel (um 1760), die beiden Beichtstühle aus der Feuchtmayer-Werkstatt und das Grabmal für Franz Xaver Brugger (1740). Auch die frühklassizistischen Grabtafeln für Feuchtmayer und Johann Georg Dirr sind bemerkenswert.

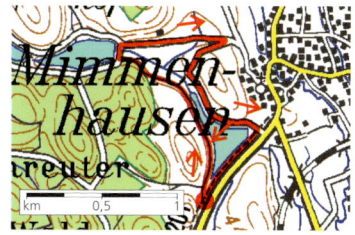

Auf einer Insel im Killenweiher steht das Gut Killenberg, das seit dem 13. Jahrhundert als Fischmeisterei für das Kloster Salem diente. Feuchtmayer erwarb es 1722 als Lehensgut und nutzte es als Wohnsitz und Werkstatt. Sehenswert sind noch verschiedene Wohnhäuser wie etwa Feuchtmayerstraße 7 (1692), das von Feuchtmayer gekauft wurde, oder das Gebäude Boden-

seestraße 115 (1725). Auch Joseph Anton Feuchtmayers Geselle und Nachfolger Johann Georg Dir lebte im Ort.

Südlich von Mimmenhausen liegt ein idyllischer kleiner See, der von einem dichten Schilfgürtel umgeben ist. An seinem Südende an der Straße nach Mühlhofen finden wir einen Parkplatz. Wir gehen von hier aus am See entlang, ignorieren verschiedene rechts abgehende Wege

Blick über den See nach Mimmenhausen

und erreichen bald die Staumauer eines weiteren Sees. Hier halten wir uns rechts, am Ende des Damms noch einmal. Wir spazieren bis zu einer holzverkleideten Feldscheune und biegen gleich nach ihr scharf rechts ab. Nun geht es wieder in Richtung des Weges, auf dem wir hergekommen sind. Kurz vor ihm biegen wir links ab. Bald können wir nach rechts auf einer schmalen Brücke über das Gewässer gehen und auf der anderen Seite auf dem Herweg zurückspazieren. Aber auch dem Weg links des Sees können wir bis zur Landstraße folgen und auf dem Radweg nach rechts zurück zum Ausgangspunkt gehen.

■ **Länge:**
Etwa 4 Kilometer.

■ **Zeit:**
Etwa 1 Stunde.

■ **Höhenunterschied:**
Unwesentlich.

■ **Empfohlene Karte:**
Freizeitkarte 511 Westlicher Bodensee, Landesvermessungsamt Baden-Württemberg.

■ **Wegbeschaffenheit /
Kinderwageneignung:**
Der Spaziergang verläuft auf festen Wegen.

Durch die Riedwiesen bei Salem

Salem-Stefansfeld – Schloss Salem – Riedwiesen – Stefansfeld

Bei dieser Spaziertour kommen wir über die Riedwiesen nördlich von Schloss Salem. Man kann sie gut mit der Besichtigung der ausgedehnten Schlossanlage verbinden.

■ **Ausgangspunkt:**
Salem-Stefansfeld.

■ **Wegverlauf:**
Am besten parken wir auf Parkplatz 2 direkt am westlichen

Ortsende von Stefansfeld. Dann spazieren wir zur Schlossanlage, vor der man auch parken könnte, und gehen an ihr vorbei. An ihrem Ende biegen wir rechts ab in Richtung »Frickingen«. Nun geht es parallel zur Straße bis zum Abzweig zum Schwandorfer Hof. Wir spazieren an dieser Ansiedlung vorbei. Unser Weg knickt kurz darauf etwas nach rechts ab.

Wo es nicht mehr geradeaus weitergeht, biegen wir rechts ab und spazieren zurück zum Parkplatz.

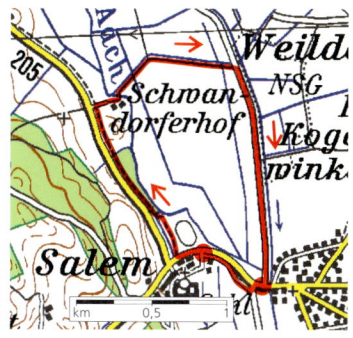

■ Länge:
Etwa 4 Kilometer.

■ Zeit:
Etwa 1½ Stunden.

■ Höhenunterschied:
Unwesentlich.

■ Empfohlene Karte:
Freizeitkarte 511 Westlicher Bodensee, Landesvermessungsamt Baden-Württemberg.

■ Einkehrmöglichkeit:
Schloss Salem.

■ Wegbeschaffenheit / Kinderwageneignung:
Der Spaziergang verläuft auf festen Wegen.

Hügellandschaft bei Salem

Von Salem nach Mimmenhausen

Salem-Stefansfeld – Schloss Salem – Mimmenhausen – Stefansfeld

Den Höhepunkt dieses Spaziergangs stellt eine Besichtigung des ehemaligen Klosters und späteren Schlosses Salem dar. Mit prächtiger Alpensicht gelangen wir nach Mimmenhausen und durch die Wiesenlandschaft wieder zurück.

■ **Ausgangspunkt:**
   Salem-Stefansfeld.

■ **Wegverlauf:**
   Wir parken auf einem der Parkplätze bei Schloss Salem.

Das **Kloster Salem** geht auf eine Schenkung eines Linzgauer Ritters an den Zisterzienserorden 1134 zurück. 1354 wurde das Kloster

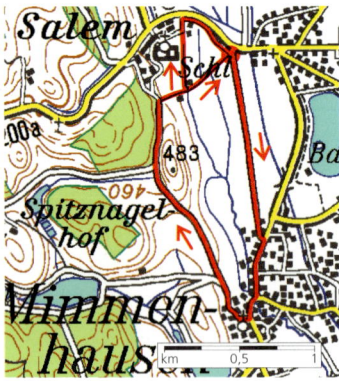

freies Stift, 1487 Reichsabtei. Nach der Säkularisierung 1802/03 kam es an die Markgrafen von Baden. Das berühmte Internat wurde 1920 gegründet. Da ein Brand 1697 alle mittelalterlichen Bauwerke außer dem Münster vernichtete, stammen die jetzigen Gebäude aus dem Wiederaufbau. Mit der Errichtung des heutigen, kreuzförmigen Münsters wurde um 1300 begonnen, 1414 war die Schlussweihe. Im 18. Jahrhundert fand unter Bagnato ein Umbau des Chors statt. Das Salemer ist nach dem Freiburger Münster die zweitgrößte Kirche Badens.

Von der reichen Einrichtung sollen der Rest des Chorgestühls von 1594, der als Sarkophag von Feuchtmayer und Dirr errichtete Verenaaltar und die große Bilderwand darüber erwähnt werden, ebenso das Sakramentshaus, das bis auf die krönende Fiale aus einem einzigen Stein gehauen wurde, das überlebensgroße Bronzekruzifix, verschiedene Deckenbilder, Skulpturen, der Orgelprospekt und die Beichtstühle.

Die ausgedehnten Klostergebäude entstanden unter Franz Beer nach 1700. Sie sind unter anderem mit Wessobrunner Stuckaturen geschmückt. Der Sakristeiraum besitzt noch die prächtige Originalausstattung von 1707. Im Sommerrefektorium findet man Stuckaturen und einen großen Fayence-Ofen. Der prachtvoll geschmückte Kaisersaal war der Empfangsraum der Reichsabtei. Die mit Wessobrunner Stuck geschmückte Bibliothek war eine der ersten ihrer Art; danach wurden solche Bibliotheken in verschiedenen Klöstern eingerichtet. Das rosa gestrichene Untertorhaus besitzt eine prächtige Fassade.

Nach der Besichtigung gehen wir zu Parkplatz 2, der sich am westlichen Ortsrand von Stefansfeld befindet. Von hier aus spazieren wir geradeaus in südlicher Richtung nach Mimmenhausen, wobei wir direkt auf die Alpenkette zugehen. In Mimmenhausen treffen wir auf die Durchgangsstraße und behalten unsere Richtung bei. Wir kommen am Rathaus vorbei und zweigen etwas nach dem Gebäude mit dem Wanderzeichen blaues Kreuz rechts in die Tüfinger Straße ab. Wir kommen hinaus auf die Wiesen und erreichen immer geradeaus gehend die Südseite der Schlossanlage. Jetzt halten wir uns rechts. An dem runden Eckturm können wir geradeaus weiterspazieren zum Parkplatz 2. Wer jedoch zum Schlosseingang oder zum anderen Parkplatz möchte, hält sich hier links.

■ **Länge:**
Etwa 4½ Kilometer.

■ **Zeit:**
Etwa 1½ Stunden.

■ **Höhenunterschied:**
Unwesentlich.

■ **Empfohlene Karte:**
Freizeitkarte 511 Westlicher Bodensee, Landesvermessungsamt Baden-Württemberg.

■ **Einkehrmöglichkeit:**
Bei Schloss Salem.

■ **Wegbeschaffenheit / Kinderwageneignung:**
Der Spaziergang verläuft auf festen Wegen.

Schloss und Klosterkirche in Salem

Um den Schlosssee

Salem-Stefansfeld – Schlosssee – Stefansfeld

Ein Spaziergang um einen See macht immer Spaß. Bei diesem Ausflug umrunden wir den Schlosssee in Salem, in dem man auch baden kann. Ansonsten bietet sich uns immer wieder ein schöner Blick auf den hübschen See.

■ **Ausgangspunkt:**
Salem-Stefansfeld.

■ **Wegverlauf:**
Die Kapelle in Stefansfeld können wir vor oder nach dem Spaziergang besuchen.

In **Stefansfeld** steht die im Stil eines griechischen Kreuzes im ersten Jahrzehnt des 18. Jahrhunderts unter Franz Beer errichtete katholische Kapelle Maria vom Siege, die eine spartanische und strenge Inneneinrichtung besitzt, gleichzeitig ein prachtvolles schmiedeeisernes Gitter. Sie wurde vom Kloster Salem aus Freude über das Ende der Türkengefahr und den abgeschlossenen Wiederaufbau des Klosters in Auftrag gegeben und diente zudem als Friedhofskirche. Der Stuck stammt von Franz Joseph Feuchtmayer (um 1712). Auf dem

Am Schlosssee in Salem

Friedhof sieht man zahlreiche klassizistische Grabsteine.

Wir starten in Stefansfeld, wo wir parallel zum Sträßchen nach Neufrach nach Südosten spazieren. Schließlich kommen wir an den Sportplätzen vorbei, wo wir uns rechts halten. Nach den Sportplätzen biegen wir noch einmal rechts ab. Wieder parallel zur Landstraße spazieren wir zurück zum Ausgangspunkt.

■ **Länge:**
Etwa 3 Kilometer.

■ **Zeit:**
Etwa 1 Stunde.

■ **Höhenunterschied:**
Keiner.

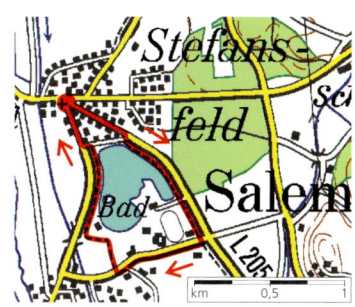

■ **Empfohlene Karte:**
Freizeitkarte 511 Westlicher Bodensee, Landesvermessungsamt Baden-Württemberg.

■ **Einkehrmöglichkeit:**
Stefansfeld.

■ **Wegbeschaffenheit /
Kinderwageneignung:**
Wir gehen auf asphaltierten Wegen.

An Bächlein entlang

Parkplatz bei Baitenhausen – Stehlinsweiler – Parkplatz

Bei diesem Ausflug spazieren wir ein Stück durch einen lichten Laubwald, ansonsten zwischen Wiesen und zeitweise entlang an kleinen, aber munter sprudelnden Bächlein.

■ **Ausgangspunkt:**
Meersburg-Baitenhausen.

■ **Wegverlauf:**
Die barocke Wallfahrtskapelle Maria zum Berge Karmel in **Bai-**

Die Wallfahrtskapelle Maria zum Berge Karmel liegt auf einem Hügel.

tenhausen liegt weithin sichtbar auf dem Schlossbühel. Sie wurde 1701/02 auf Betreiben des Konstanzer Fürstbischofs Marquard Rudolph von Rodt erbaut. Sein Wappen mit der Jahreszahl 1702 prangt über dem Portal. Grund für den Bau war angeblich die Errettung des Fürstbischofs aus Seenot, die auch in einem Deckenfresko dargestellt wird. Vielleicht wollte man aber auch dem zu Salem gehörenden Birnau Konkurrenz zu machen.

Als sehr qualitätsvoll muss die Ausstattung der Kapelle bezeichnet werden. Die Einrichtung geht vor allem auf den Fürstbischof Franz Konrad von Rodt (1750–1775) zurück. Die Deckenfresken stammen von 1760. Auch der Hochaltar und die Nebenaltäre entstanden in die-

ser Zeit. Das Gasthaus vor der Kapelle wurde 1712 als Mesnerhaus erbaut.

Wenn wir von Baitenhausen in Richtung Ahausen fahren, liegt nach der Linkskurve rechts ein Parkplatz. Von hier aus nehmen wir den entlang des Wassergrabens nach Südosten führenden Weg. Vor einem Waldstück biegen wir an einem Wanderschild rechts ab, kurz darauf im Wald halten wir uns am nächsten Schild mit dem roten Punkt links. Nun geht es im Waldstück Wannenberg erst etwas hinauf, dann wieder bergab bis zu einem asphaltierten Sträßchen. Auf ihm orientieren wir uns links.

Bald danach spazieren wir links an Stehlinsweiler vorbei, dann nehmen wir das nach links ziehende Sträßchen, das uns zwischen zwei Waldstücken und danach mit schönem Blick nach Bermatingen zur Landstraße bringt. Auf dem rechts parallel zu dieser Straße verlaufenden Weg spazieren wir nach links zurück zum Ausgangspunkt.

■ **Länge:**
Etwa 5 Kilometer.

■ **Zeit:**
Etwa 1½ Stunden.

- **Höhenunterschied:**
  Etwa 90 Meter.

- **Empfohlene Karte:**
  Freizeitkarte 511 Westlicher Bodensee, Landesvermessungsamt Baden-Württemberg.

- **Wegbeschaffenheit /
  Kinderwageneignung:**
  Wir spazieren auf geschotterten Feld- und Forstwegen und asphaltierten Wegen.

Auf dem Hagnauer Obst- und Weinweg

Hagnau – Wilhelmshöhe – Frenkenbach – Hagnau

Nicht nur den Ausblick auf den Bodensee und Hagnau genießen wir bei diesem Ausflug, wir gelangen auch durch die fruchtbare Obst- und Weinlandschaft. Unterwegs kommen wir am romanischen Kirchlein von Frenkenbach vorbei. Wer will, kann die Tour auf etwa die Hälfte verkürzen. Der Lehrweg erzählt Interessantes über das Obst und den Dichterpfarrer Heinrich Hansjakob.

- **Ausgangspunkt:**
  Hagnau.

- **Wegverlauf:**
  Wir verlassen Hagnau nach Norden in Richtung »Ittendorf«.

Es steigt an, dann kommen wir an einem Gewerbeanwesen vorbei, nach dem etwas höher links der Sportplatz zu sehen ist. Hier beginnen wir unseren kleinen Spaziergang.

Oberhalb des Sportplatzes gehen wir nach Westen bis zum Waldrand. Dort biegen wir nach links ab und spazieren abwärts, bis wir nach links zur Wilhelmshöhe verwiesen werden. Bald sind wir an der Wilhelmshöhe, von wo wir einen weiten Blick auf Hagnau und den Bodensee haben. Dann geht es hinab zur Landstraße. Wer den Spaziergang schon beenden will, geht nach links hoch zum Ausgangspunkt.

Ansonsten nehmen wir das auf der anderen Straßenseite nach Osten führende Sträßchen, das uns zum Burgunderhof bringt. Nach dem Hof halten wir uns an der Querstraße links und spazieren nach Frenkenbach.

Die Kirche Sankt Othmar und Sankt Oswald in der um 800 gegründeten Ansiedlung **Frenkenbach** ist eine gut erhaltene, aus Bruchsteinen gemauerte und mit Fugenstrich verzierte spätromanische Chorturmkirche aus dem 12. Jahrhundert, vielleicht eine ehemalige Wehrkirche. Im Volksmund wird

Das Kirchlein in Frenkenbach erweckt einen wehrhaften Eindruck.

sie auch »Frenkenbacher Dom« beziehungsweise »Frenkenbacher Münster« genannt. Innen sieht man eine Balkendecke, die im Stil der Zeit des Baus nachgearbeitet wurde. Das Kruzifix entstand um 1400, die heilige Anna selbdritt im 17. Jahrhundert.

Vor dem wuchtigen Kirchlein biegen wir nach links ab und kommen zurück zum Ausgangspunkt.

■ **Länge:**
Etwa 4 Kilometer.

■ **Zeit:**
Etwa 1½ Stunden.

■ **Höhenunterschied:**
Etwa 60 Meter.

■ **Empfohlene Karte:**
Freizeitkarte 511 Westlicher Bodensee, Landesvermessungsamt Baden-Württemberg.

■ **Wegbeschaffenheit / Kinderwageneignung:**
Asphaltwege; nach dem Sportplatz ein kurzes Stück Schotterweg.

Durch das Ried

Bermatingen-Ahausen – Ried – Ahausen

Durch eine flache Riedlandschaft führt uns dieser Spaziergang. Nach allen Richtungen sind weite Ausblicke möglich.

■ **Ausgangspunkt:**
Bermatingen-Ahausen.

■ **Wegverlauf:**
Die katholische Kapelle Sankt Jakobus in **Ahausen** geht auf die Romanik zurück. Später wurde sie in der Gotik und im Barock verändert. Die schmückenden spätmittelalterlichen Fresken im Innenraum entstanden im 14. Jahrhundert. Der Hochaltar stammt von 1688, die Marienfigur von etwa 1470. Ende des 15. Jahrhunderts entstand die spätgotische Triumphkreuzgruppe. Die Obere Mühle geht auf das 16./17. Jahrhundert zurück. Sie besitzt Fachwerk und einen reich verzierten Giebel.

Ab Ahausen spazieren wir auf dem parallel zur Straße nach Ittendorf verlaufenden Weg. Wer nur eine kurze Strecke zurücklegen will, biegt bei einem Feldweg bei einem Flurkreuz mit dem roten Kreuz links ab, geht an einem Wäldchen vorbei und stößt bei einem weiteren kleinen Kreuz auf einen querenden Asphaltweg, wo man sich links hält. Hier gehen auch die Spaziergänger, welche die längere Variante genommen haben.

Ansonsten spazieren wir weiter parallel zur Straße geradeaus bis zu einem Wäldchen mit einem pyramidenförmigen Unterstand. Mit dem Zeichen blauer Balken biegt man hier links ab. Wir gehen, bis wir nach dem Wald auf einen Asphaltweg treffen, und orientieren uns hier links. Nach einiger Zeit mündet von links der Rotkreuzweg in unseren Weg; ab jetzt sind beide Varianten wieder gleich.

Wir gehen bis zur Landstraße links von Bermatingen. Parallel zu dieser Straße spazieren wir nun nach links zurück nach Ahausen.

■ **Länge:**
Kurze Variante etwa 4½ Kilometer, lange Variante etwa 7 Kilometer.

■ **Zeit:**
Kurze Variante etwa 1½ Stunden, lange Variante etwa 2 Stunden.

■ **Höhenunterschied:**
Unwesentlich.

■ **Empfohlene Karte:**
Freizeitkarte 511 Westlicher Bodensee, Landesvermessungsamt Baden-Württemberg.

■ **Wegbeschaffenheit /**
  Kinderwageneignung:
Wir gehen meist auf asphaltierten Wegen, durch den Wald auf geschottertem Waldweg.

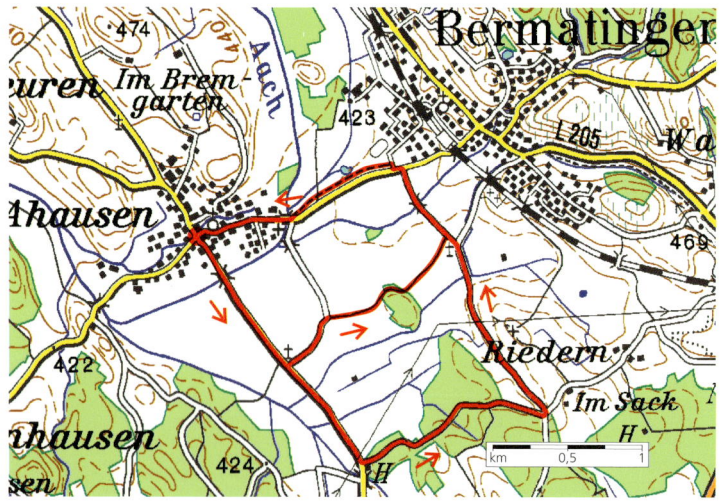

Der Spaziergang führt durch die gelben Frühlingswiesen.

Apfelweg und Alpenblick

Kippenhausen – Apfelweg – Schloss Hersberg – Kippenhausen

Wir spazieren bei diesem Ausflug auf dem Apfelweg von Kippenhausen, der uns durch die Apfelplantagen des Ortes bringt und uns anhand zahlreicher Tafeln viel über dieses Obst lehrt. Unterwegs können wir noch zur Panoramatafel auf dem Hersberg steigen, von wo wir einen herrlichen Blick auf Immenstaad mit dem Bodensee, die Umgebung und bei guten Sichtverhältnissen bis zu den Alpen haben.

■ **Ausgangspunkt:**
Immenstaad-Kippenhausen.

■ **Wegverlauf:**
Bei der Kirche von Kippenhau-

Brunnen und Pfarrhaus in Kippenhausen

Stuckmarmor und die Malereien an den Chorwänden (um 1750). Eine Seltenheit sind die aus Eisenblech geschnittenen und bemalten Blumensträuße in den Sockelnischen des Hauptaltars. Das vor der Kirche stehende Fachwerk-Pfarrhaus besitzt ein Walmdach und stammt aus dem 18. Jahrhundert.

Jetzt spazieren wir kurz in östliche Richtung und biegen nach links in die Seelbachstraße ein. Nun orientieren wir uns immer an den Schildern des Apfelwegs. Wir kommen an einem Hof vorbei, etwas später knickt der Weg nach rechts ab.

An einer Kreuzung, an der rechts eine Scheune steht, gehen wir geradeaus beziehungsweise uns etwas rechts haltend weiter. Der Weg beschreibt eine Rechtskurve und bringt uns zur Landstraße, der wir nach rechts folgen, bis wir links ein Flurkreuz sehen. Hier führt der Apfelweg nach links weiter. Wir folgen dem asphaltierten Sträßchen bis zum Pflegeheim und dem folgenden Schloss Hersberg.

sen sollten wir uns nach deren Besichtigung noch das stolze Fachwerkpfarrhaus und die Bronzegesichter auf den Pfosten ansehen.

Die 1275 genannte katholische Pfarrkirche Mariä Himmelfahrt in **Kippenhausen** geht auf das späte Mittelalter zurück und wurde 1710 unter Abt Sebastian Hyller vom Kloster Weingarten umgebaut; der Turm geht vielleicht noch auf das 13. Jahrhundert zurück. An der Decke sind Stuckreliefs angebracht. Der Hauptaltar stammt von 1710, die Nebenaltäre von 1730 und vom Ende des 16. Jahrhunderts. Sehenswert sind auch die Seitenaltäre aus

Das **Schloss** in **Hersberg,** heute Gymnasium, kam 1621 an das Kloster Ochsenhausen. Die Schlosskapelle geht auf etwa 1680 zurück. Sie besitzt sehenswerte Stuckaturen, ein Glasbild von 1522, ein Altargemälde von 1760 und eine Michaelstatue von etwa 1700.

Wer will, kann hier nach rechts auf dem kürzesten Weg zurück zum

Im Umland des Bodensees findet man viele Obstbaumplantagen.

Ausgangspunkt gehen. Schöner ist es jedoch, wenn man sich nach dem Schloss zwar rechts hält, gleich danach aber nach links abzweigt. Wir spazieren nun entlang des Hersbergs. Unterwegs können wir einen Abstecher nach rechts hinauf zur Panoramatafel machen; der Weg ist bezeichnet.

Ansonsten beschreibt unser Weg um den Hersberg einen weiten Rechtsbogen und macht ein paar Knicke, bevor er uns zur Landstraße bringt. Auf dieser Straße gehen wir nach rechts zurück zum Ausgangspunkt.

■ **Länge:**
Etwa 4 Kilometer.

■ **Zeit:**
Etwa 1½ Stunden.

■ **Höhenunterschied:**
Etwa 80 Meter.

■ **Empfohlene Karte:**
Freizeitkarte 511 Westlicher Bodensee, Landesvermessungsamt Baden-Württemberg.

■ **Wegbeschaffenheit / Kinderwageneignung:**
Wir spazieren auf asphaltierten Wegen; nur ein Stück entlang des Hersberges ist geschottert.

Spaziergang mit Alpenblick

Parkplatz bei Kluftern – Leiwiesen – Parkplatz

Außer dem Ausblick auf die Bergwelt der Alpen bietet dieser Spaziergang natürlich noch eine idyllische Landschaft. Er verläuft zwischen Wiesen, Feldern und großflächigen Baumplantagen.

■ **Ausgangspunkt:**
Friedrichshafen-Kluftern.

■ **Wegverlauf:**
Die katholische Pfarrkirche Sankt Gangolf in **Kluftern** wurde 1474 geweiht und 1627 umgebaut. 1978 wurde sie in ihrem barocken Erscheinungsbild mit einer Zwiebelhaube wiederhergestellt. Innen sieht man einen eindrucksvollen Hochaltar aus dem Kloster Weingarten, Nebenaltäre von etwa 1680, eine große Kreuzigungsgruppe (17. Jh.)

und außerdem weitere Skulpturen aus dem 15. bis 18. Jahrhundert.

Gestartet wird am Wanderparkplatz westlich von Kluftern. Wir folgen hier dem Wanderzeichen roter Punkt immer nach Westen. Der Wanderweg führt schließlich als Schotterweg geradeaus weiter, wir biegen aber auf dem Asphaltweg rechts ab und spazieren zwischen den Häusern von Leiwiesen hindurch.

Schließlich erreichen wir die B 33, wo wir uns rechts halten und

Ein Spaziergang unter blühenden Bäumen ist immer ein herrliches Erlebnis.

auf dem Weg neben der Bundesstraße, erst bergauf und vorbei an Wirrensegel, spazieren, bis uns ein Schild nach rechts nach »Bürgberg« weist. Der Weg beschreibt einige Kurven; wir marschieren rechts von Bürgberg vorbei und erreichen schließlich den querenden Asphaltweg, den wir noch von Beginn her kennen. Nach links gelangen wir zurück zum Ausgangspunkt.

◼ **Länge:**
Etwa 7 Kilometer.

◼ **Zeit:**
Etwa 2 Stunden.

◼ **Höhenunterschied:**
Etwa 50 Meter.

◼ **Empfohlene Karte:**
Freizeitkarte 511 Westlicher Bodensee, Landesvermessungsamt Baden-Württemberg.

◼ **Sonstiges:**
Nördlich von Wirrensegel befindet sich noch eine Parkmöglichkeit, bei der man den Spaziergang auch beginnen kann.

◼ **Wegbeschaffenheit / Kinderwageneignung:**
Wir gehen auf asphaltierten Wegen.

85

Wald und Apfelbäume

Immenstaad – Apfelplantagen bei Kippenhausen – Immenstaad

Durch eine abwechslungsreiche Landschaft mit Waldstücken, Wiesen und Feldern führt uns dieser Spaziergang. Wir kommen bis zu den ausgedehnten Apfelplantagen bei Kippenhausen, die sich zur Baumblüte im Frühjahr besonders schmuck präsentieren.

■ **Ausgangspunkt:**
Immenstaad, Sportzentrum.

■ **Wegverlauf:**
Das Sportzentrum befindet sich nördlich von Immenstaad und

westlich der Straße nach Kluftern. Von hier aus folgen wir dem am Waldrand entlangführenden Weg nach Norden. Wo er sich vor einem Wald verzweigt, halten wir uns links, gehen durch ein Waldstück hindurch, dann über eine Wiese und treffen auf einen querenden Asphaltweg. Nun halten wir uns mit dem roten Punkt links.

Wir spazieren dort, wo der Asphaltweg rechts in Richtung Leiwiesen abknickt, mit dem Schild Wanderweg geradeaus weiter. Kurz darauf treffen wir auf ein Wanderschild, wo wir uns links in Richtung »Sportzentrum« wenden. Nun kommen wir durch den Wald.

Wo es links zum »Sportzentrum« geht, verlassen wir nach rechts den Wald in Richtung »Höhenen«. Den Kniebach überqueren wir, wo wir ein idyllisches Landschaftsstück mit Wiesen und Schilf finden, und gehen dann noch kurz geradeaus weiter. Unser Weg knickt bald darauf links ab und bringt uns vor Scheunen. Hier verläuft der Apfelweg, der in Tour 34 beschrieben ist. Wir biegen scharf links ab und gehen durch die Apfelplantagen zurück zum Ausgangspunkt.

- **Länge:**
  Etwa 6 Kilometer.

- **Zeit:**
  Etwa 1½ Stunden.

- **Höhenunterschied:**
  Etwa 50 Meter.

- **Empfohlene Karte:**
  Freizeitkarte 511 Westlicher Bodensee, Landesvermessungsamt Baden-Württemberg.

- **Einkehrmöglichkeit:**
  Sportzentrum.

- **Wegbeschaffenheit / Kinderwageneignung:**
  Wir gehen auf festen Wegen.

Beginnende Blüte in den Obstbaumplantagen

Durch Apfelplantagen von Kirche zu Kirche

Bergheim – Hochkreuzkapelle – Riedheim – Leimbach – Steibensteg – Bergheim

Von der Bergheimer Kirche spazieren wir zur kleinen Hochkreuzkapelle, danach geht es durch Apfelplantagen im Kreis wieder zurück. Es gibt eine kürzere und eine längere Variante der Tour.

■ **Ausgangspunkt:**
   Markdorf-Bergheim.

■ **Wegverlauf:**
   Wir parken unterhalb der Kirche von Bergheim. Dann gehen wir die Bergheimer Straße aufwärts und kommen zur Hochkreuzkapelle, wo wir einen schönen Blick über die Umgebung haben.

Die Hochkreuzkapelle liegt auf einem aussichtsreichen Hügel.

Die katholische Kirche Sankt Jodokus in **Bergheim** ist eine große Chorturmkirche aus dem 13./14. Jahrhundert. Der Taufstein mit den Wappenschildern stammt aus der späten Gotik, die Fresken, darunter eine Maria und ein Christophorus, aus dem späten 14. Jahrhundert. Die **Heiligkreuzkapelle** (Hochkreuzkapelle) wurde 1688 erbaut.

Anschließend geht es hinab nach Riedheim.

Verschiedene Dörfer, die alle im 13. und 14. Jahrhundert genannt wurden, bildeten einst die große Landvogtei **Riedheim** der Grafen von Heiligenberg-Fürstenberg. Hier hatten außerdem viele Klöster, Pfarreien und sonstige Institutionen Besitz und Zehntrechte. Im Gasthaus Letze und dem 300 Meter östlich davon gelegenen Zollhaus verlief im Mittelalter die Grenze zwischen dem Bistum Konstanz und der Grafschaft Heiligenberg, die zu Vorderösterreich gehörte. Die Grafschaft kam 1806 im Zuge der napoleonischen Flurbereinigung zu Baden.

Wo die querende Oberfischbacher Straße, auf die wir stoßen, bei dem Fachwerkhaus nach rechts abknickt, gehen wir an Haus Nr. 1 mit dem Wanderzeichen roter Punkt nach links weiter. Wir verlassen den Ort und spazieren durch die Obstgärten in einem weiten Linksbogen bis zur Landstraße.

Jetzt halten wir uns kurz rechts zum Waldrand, gehen dann nach links an ihm entlang bis zu einem Feldkreuz und biegen hier nach links ab. Es geht mit einigen Knicken zu den ersten Häusern von Leimbach, wo wir zwei Möglichkeiten haben. Kürzer ist es, wenn wir an Haus Nr. 3 links abbiegen. Etwas später gehen wir an einer kleinen Kapelle vorbei. Uns geradeaus haltend kommen wir zurück zur Bergheimer Kirche.

Etwas weiter müssen wir gehen, wenn wir an Haus Nr. 3 noch etwas bergab zu einem Brunnen spazieren. Nun halten wir uns im Ölmühlenweg links bis vor den Bach, wo wir dem Schild »Wanderweg« nach rechts folgen. Es geht nun parallel des Baches zu einem Spielplatz; vor ihm biegen wir nach rechts ab und gehen geradeaus weiter bis zur B 33. Wir biegen links ab, in Steibensteg dann ebenfalls links. Kurz darauf sind wir zurück am Ausgangspunkt.

■ **Länge:**
Etwa 3½ beziehungsweise 4 Kilometer.

■ **Zeit:**
Etwa 1–1½ Stunden.

■ **Höhenunterschied:**
Etwa 110 Meter.

■ **Empfohlene Karte:**
Freizeitkarte 511 Westlicher Bodensee, Landesvermessungsamt Baden-Württemberg.

■ **Einkehrmöglichkeit:**
Bergheim, Steibensteg.

■ **Wegbeschaffenheit /
Kinderwageneignung:**
Wir wandern auf Asphaltwegen. Bei der längeren Variante geht es am Bach entlang auf einem unbefestigten Weg, dessen ausgetretener Teil schmal wird. Einen Kinderwagen kann man das kurze Stück aber trotzdem schieben.

■ **Sonstiges:**
Schöner Spielplatz in Leimbach.

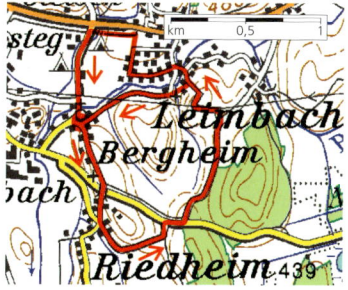

Durch Hopfenplantagen spazieren

Lochbrücke – Oberbaumgarten – Holzbrücke – Lochbrücke

Wir spazieren durch die von zahlreichen Hopfenplantagen charakterisierte Landschaft zwischen Tettnang und Eriskirch.

■ **Ausgangspunkt:**
Meckenbeuren-Lochbrücke.

■ **Wegverlauf:**
In Lochbrücke orientieren wir uns nach Süden, immer in einigem Abstand, aber parallel zur Schussen. Vorbei am Hof Hechelfurt kommen

wir nach Oberbaumgarten, wo in der zweiten Hälfte des 12. Jahrhunderts eine Burg stand. Nach den Höfen biegen wir links ab und kommen zu der gedeckten Holzbrücke.

Die gedeckte **Holzbrücke** wurde 1824 erbaut. Damals bildete die Schussen noch die Grenze zwischen Eriskirch und Oberdorf. Als Gegenleistung für den Unterhalt der Brücke erhielt die Gemeinde Eriskirch vom Königreich Württemberg den vier Hektar großen Brückenwald. Etwa hundert Meter flussaufwärts stand einst die Burg Baumgarten, deren Glanzzeit vom 12. bis 15. Jahrhundert dauerte.

Nachdem wir die Brücke passiert haben, bieten sich zwei Möglichkeiten. Entweder wir folgen dem Sträßchen nach rechts bis zur Landstraße und gehen dann auf dem sie

Über diese gedeckte Holzbrücke führt der Weg.

begleitenden Weg nach Norden, oder wir zweigen nach der Holzbrücke auf den unbefestigten Wanderweg nach links ab und gehen mit dem Wanderzeichen roter Strich zur Landstraße, wo wir uns ebenfalls links halten.

In beiden Fällen kommen wir vor einer querenden Landstraße zu einem Kreisverkehr. Jetzt biegen wir nach links ab und spazieren zurück nach Lochbrücke.

■ **Länge:**
Etwa 6 Kilometer.

■ **Zeit:**
Etwa 2 Stunden.

■ **Höhenunterschied:**
Keiner.

■ **Empfohlene Karte:**
Freizeitkarte 529 Östlicher Bodensee, Landesvermessungsamt Baden-Württemberg.

■ **Wegbeschaffenheit /
Kinderwageneignung:**
Wir wandern auf asphaltierten Wegen. Wer will, geht ab der Holzbrücke ein Stück auf unbefestigten Wegen.

■ **Sonstiges:**
Die Tour verläuft auf Pfaden und Forstwegen.

Drei Möglichkeiten im Eriskircher Ried

Eriskirch – Eriskircher Ried – Eriskirch

Als eines der schönsten Naturschutzgebiete im Bodenseeraum gilt das Eriskircher Ried. Man findet nicht nur eine Flora mit seltenen Pflanzen, unter anderem mit der blauen Sibirischen Sumpfschwertlilie, sondern es leben, rasten und überwintern hier auch zahlreiche Vogelarten. Wir haben drei Möglichkeiten, einen kurzen Spaziergang zu unternehmen. Wer will, kann die drei Wege auch kombinieren. Empfehlenswert ist auf jeden Fall ein Besuch im Naturschutzzentrum und in der sehenswerten Pfarrkirche.

■ **Ausgangspunkt:**
Eriskirch.

■ **Wegverlauf:**
Wir parken beim alten Bahnhof, in dem sich das Naturschutzzentrum befindet.

Im **Naturschutzzentrum Eriskirch,** das seit 1994 im ehemaligen Bahnhofsgebäude untergebracht ist, sieht man außer Wechselausstellungen auch eine Dauerausstellung. Sie bietet Eindrücke von der Natur des Bodensees und natürlich vom Eriskircher Ried. Ein dreidimensionales Modell gewährt einen Einblick in die Unterwasserlandschaft des Bodensees, außerdem zeigen naturgetreu gestaltete Schaukästen die Flora und Fauna des Gebiets. In einem Aquarium kann man die Fische des Bodensees betrachten. Auch für Kinder gibt es viel zu sehen und zu erleben.

Bei den beiden ersten Spaziergängen gehen wir von hier aus rechts der Bahnlinie nach Norden, an den nächsten Gebäuden vorbei und bis vor ein Gewerbeanwesen. Nun biegen wir links ab und überqueren die Bahnlinie. Am Querweg danach müssen wir uns entscheiden.

Bei Spaziergang 1 halten wir uns hier rechts und wandern parallel zur Bahnlinie, vorbei am Don-Bosco-Heim bis kurz nach Seewiesenösch. Hier zweigen wir nach links ab und spazieren auf dem mit dem roten Strich markierten Wanderweg zurück. Wir kommen an einer Aussichtskanzel vorbei. Danach erreichen wir einen Wegweiser, der uns nach links zum »Naturschutzzentrum« verweist.

Bei der zweiten Möglichkeit gehen wir am Querweg geradeaus in Richtung See bis zum nächsten Wegweiser. Hier biegen wir links ab und spazieren bis zu einem Parkplatz, wo von links ein asphaltiertes Sträßchen kommt. Auf ihm gehen wir nach links und biegen nach dem beschrankten Bahnübergang links ab.

Das **Eriskircher Ried** ist eines der bedeutendsten Naturschutzgebiete am Bodensee. Es verdankt seine Entstehung der Schussen, die hier seit Jahrtausenden Schlamm ablagert und ein Flussdelta erschuf. Ihre vom Fluss abgeschnittenen Altarme bieten einer Vielzahl von Pflanzen und Tieren Lebensraum. Das botanische Wahrzeichen ist die Sibirische

Schwertlilie (Iris sibirica), die man nirgends im Land so reich blühend findet wie hier, insbesondere beim Strandbad. Sie blüht von Mitte Mai bis Mitte Juni und verwandelt die Riedwiesen in ein blaues Blütenmeer, in welchem man nur gelbe Tupfer der Wasserschwertlilie (Iris pseudacorus) findet. Der Wurzelstock dieser gelb blühenden Pflanze enthält viele Gerbstoffe und wurde früher oft in der Volksmedizin und zum Gerben verwendet. Falls man weiße Blüten sieht – dies sind keine eigenständigen Pflanzen, sondern Sibirische Schwertlilien, die keinen Farbstoff bilden. Man findet außerdem zahlreiche seltene Pflanzenarten, fünfhundert verschiedene Blütenpflanzen wurden schon gezählt. Beispiele sind Mehlprimeln, Märzenbecher, Wolliges Honiggras oder Pfeifengras, Blaugrüne Segge, Kammsegge, Orchideen, Gilbweiderich und Lungenenzian.

Den früheren Verlauf des Bodenseeufers markieren ein bis zwei Meter hohe Strandwälle aus Sand- und Schlammablagerungen. In nassen Senken findet man die bis zu mannshohen Sauergräser. Die im Frühsommer überfluteten Streuwiesen konnten erst im Herbst gemäht werden, wenn sie trocken oder sogar schon gefroren waren. Das Mähgut diente aber nicht als Futter, sondern als Einstreu in den Ställen.

Das Ried hat aber noch eine weitere Bedeutung: Seine große Flachwasserzone ist ein wichtiges Überwinterungsquartier für allerlei

Lehrpfadtafeln erklären die Natur.

nordische Wasservögel. Schließlich bleibt der Bodensee meist eisfrei. Man hat schon bis zu zwanzigtausend Tafelenten, 10 600 Reiherenten, 2100 Haubentaucher und 260 Singschwäne gezählt. Gut beobachten kann man die Vögel von der Aussichtskanzel aus.

Bei der dritten Möglichkeit spazieren wir vom Naturschutzzentrum aus nach Osten, bis ein beschrankter Bahnübergang kommt. Wir biegen rechts ab und folgen dem Weg bis zum Freibad. Danach zieht der Weg nach links, und wir überqueren bald die Schussen. Kurz danach knickt unser Weg rechts ab, und wir queren die Bahnlinie. Anschließend halten wir uns links, kurz danach zieht unser Weg nach rechts, und wir spazieren entlang des Flüsschens zu der gedeckten Holzbrücke. Hier

gehen wir nach links zurück zum Bahnhof beziehungsweise zum Naturschutzzentrum.

■ **Länge:**
Spaziergang 1 etwa 5 Kilometer, Nr. 2 etwa 2 Kilometer, Nr. 3 etwa 3½ Kilometer.

■ **Zeit:**
Etwa ½–1½ Stunden.

■ **Höhenunterschied:**
Keiner.

■ **Empfohlene Karte:**
Freizeitkarte 529 Östlicher Bodensee, Landesvermessungsamt Baden-Württemberg.

■ **Einkehrmöglichkeit:**
Eriskirch.

■ **Grillmöglichkeit:**
Neben dem Strandbad.

■ **Wegbeschaffenheit / Kinderwageneignung:**
Die Spaziergänge verlaufen auf geschotterten Wegen.

■ **Sonstiges:**
Bei der dritten Möglichkeit kommen wir am Freibad vorbei. Im Naturschutzgebiet darf man die Wege nicht verlassen. Empfehlenswert ist die Mitnahme von Mücken abweisenden Mitteln. Rechts neben dem Strandbad befindet sich ein Platz mit freiem Seezugang und Grillstelle.

Waldspaziergang zur Wallfahrtskirche

Wanderparkplatz bei Oberdorf – Wallfahrtskirche Mariabrunn – Parkplatz

Zuerst durch den Wald, dann ein Stück entlang von Obstplanta-gen führt uns dieser Ausflug. Wer will, macht einen Abstecher zur Wallfahrtskirche Mariabrunn.

■ **Ausgangspunkt:**
Wanderparkplatz bei Langenar-gen-Oberdorf.

■ **Wegverlauf:**
Der Waldparkplatz liegt zwi-schen Oberdorf und der B 467. Wir nehmen den am Parkplatz nach rechts wegführenden Weg, der uns zu einem anderen, querenden festen Weg führt. Hier biegen wir nach links ab und spazieren zu einem Sträßchen. Etwas nach rechts versetzt zweigen wir links ab.

Bald kommen wir zu dem mit dem roten Strich markierten Wan-derweg. Hier biegen wir links ab. Empfeh-lenswert ist es aber, noch geradeaus bis zur Wallfahrtskirche in Ma-riabrunn weiterzugehen und dann wieder hier-her zurückzukehren.

Die **Wallfahrtskirche Mariabrunn** wurde 1746 bis 1752 von Graf Ernst von Montfort über einer als wun-dertätig geltenden Quelle erbaut. Ihr voraus ging eine kleine Kapelle, die um 1700 errichtet wurde. In der Kirche befand sich die Quelle direkt unter dem Hochaltar, und das Was-ser konnte über eine Steintreppe geschöpft werden. Dies wurde aber kurz danach geändert und das Was-ser in einen kleinen Weiher und in

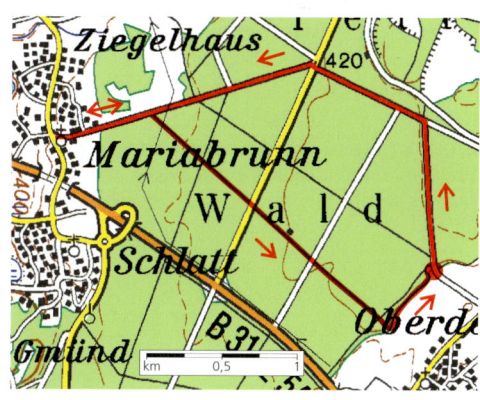

Die Wallfahrtskirche Mariabrunn besitzt reiche Kunstschätze.

einen Brunnen vor der Kirche ge-leitet. Im Jahr 1770 schuf Andreas Brugger das Deckengemälde. Das Gnadenbild stammt von Anfang des 16. Jahrhunderts, die Seitenal-täre von etwa 1750. Sie stellen das Stifterpaar als heilige Barbara und heiligen Eustachius dar. Das Kruzifix stammt von Anfang des 18. Jahr-hunderts.

Die Wallfahrt entstand, als ein Viehhüter sich im Wald verletzt hatte und an der Quelle Genesung fand, indem er zu Maria betete. Die Quelle wurde 1480 erstmals mit den Worten »Weiherlein von unserer Frau Brunnen« erwähnt.

Dem Rotstrichweg folgen wir über das Sträßchen, das wir noch von vorhin kennen, bis wir den Wald verlassen. Jetzt biegen wir nach links ab und spazieren auf dem Naturweg zurück zum Ausgangs-punkt.

■ **Länge:**
Etwa 5½ Kilometer, zur Wall-fahrtskirche etwa 1,2 Kilometer mehr.

■ **Zeit:**
Etwa 2 Stunden.

■ **Höhenunterschied:**
Keiner.

■ **Empfohlene Karte:**
Freizeitkarte 529 Östlicher Bo-densee, Landesvermessungsamt Baden-Württemberg.

■ **Wegbeschaffenheit /
Kinderwageneignung:**
Geschotterte Waldwege; am Schluss unbefestigter Naturweg.

Entlang der Argen

Parkplatz bei Gießen – Argenübergang – Gießenbrücke – Parkplatz

Die Argen ist hier, kurz vor ihrer Mündung in den Bodensee, ein mächtiger Fluss. Wir spazieren im Tettnanger Apfel- und Hopfenland die ganze Zeit neben dem Gewässer.

■ **Ausgangspunkt:**
Gießen; zwischen Tettnang und Kressbronn.

■ **Wegverlauf:**
Südlich von Gießen an der Straße nach Betznau finden wir einen Wanderparkplatz, ebenso am südlichen Wendepunkt dieser Wanderung, wo wir ebenfalls über eine Brücke gehen. Vom erstgenannten Parkplatz aus sehen wir die ehemalige Wasserburg Gießen, die wir besuchen können.

der Verzweigung dem festen Weg folgend, nach Süden bis zu einer Landstraße. Wir überqueren die Argen nach rechts – hier befindet sich die bereits erwähnte weitere Parkmöglichkeit – und gehen auf ihrer anderen Seite wieder zurück nach Norden. Nachdem wir die B 467 unterquert haben, kommen wir in Gießenbrücke wieder zu einer Landstraße. Wieder überqueren wir die Argen und spazieren auf der anderen Seite des Flusses zurück zum Parkplatz.

Die ehemalige Wasserburg in **Gießen** liegt in der Nähe des Argenübergangs. Sie kam 1405 von Ritter von Wolfurt an das Spital in Lindau. Der älteste Teil ist der hohe, rechteckige Bergfried.

Ansonsten spazieren wir parallel zur Argen oder gleich darauf an

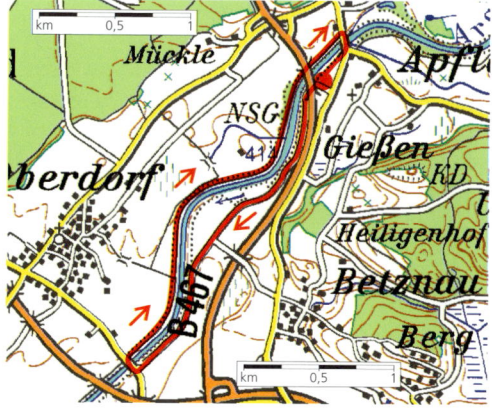

Blick zur Argen

■ **Zeit:**
Etwa 1½ Stunden.

■ **Höhenunterschied:**
Keiner.

■ **Empfohlene Karte:**
Freizeitkarte 529 Östlicher Bodensee, Landesvermessungsamt Baden-Württemberg.

■ **Einkehrmöglichkeit:**
Gießenbrücke.

■ **Wegbeschaffenheit /
Kinderwageneignung:**
Wir gehen auf geschotterten Wegen.

■ **Länge:**
Etwa 4½ Kilometer.

Um den Schleinsee

Nitzenweiler – Schleinsee – Nitzenweiler

Der Schleinsee ist wie der Degersee (Tour 43) ein idyllischer kleiner See, der in die für das südliche Oberschwaben typische Drumlinlandschaft eingebettet ist. Wir spazieren über Wiesen und durch Waldstücke und haben einen Blick auf das malerische Schleinsee mit seinem Kirchlein. Wer eine größere Tour unternehmen will, legt diesen Spaziergang mit Tour 43 zusammen.

■ **Ausgangspunkt:**
Kressbronn-Nitzenweiler.

■ **Wegverlauf:**
In Nitzenweiler folgen wir dem mit dem blauen Strich markierten Wander- und Radweg nach Osten. Nach den Häusern kommen wir in ein kleines Waldstück und treffen nach ihm auf ein schmales Sträßchen. Hier halten wir uns links und verlassen gleich darauf den Wald;

rechts sehen wir den Degersee. Kurz danach können wir im nächsten Wäldchen entweder mit dem Wanderzeichen blauer Punkt nach links abbiegen oder der Straße noch weiter bis Wielandsweiler folgen. Spätestens hier halten wir uns links und marschieren über die Wiesen nach Schleinsee. An der Westseite des Sees gehen wir zurück nach Nitzenweiler.

■ **Länge:**
Etwa 3½ Kilometer.

■ **Zeit:**
Etwa 1 Stunde.

■ **Höhenunterschied:**
Etwa 50 Meter.

■ **Empfohlene Karte:**
Freizeitkarte 529 Östlicher Bodensee, Landesvermessungsamt Baden-Württemberg.

■ **Einkehrmöglichkeit:**
Nitzenweiler.

■ **Wegbeschaffenheit /
Kinderwageneignung:**
Wir gehen auf geschotterten Wegen und asphaltierten Sträßchen.

Blick zum Schleinsee

Mit Auf und Ab um den Degersee

Degersee – Busenhaus – Wettis – Degersee

Wie bei Tour 42 umrunden wir bei diesem Vorschlag einen See. Er ist allerdings etwas größer und besitzt sogar ein Strandbad, wo man im Sommer den Tag ausklingen lassen kann. Wer eine größere Runde unternehmen will, legt diesen Spaziergang mit Tour 42, »Um den Schleinsee«, zusammen.

■ **Ausgangspunkt:**
Degersee, östlich von Kressbronn-Nitzenweiler.

■ **Wegverlauf:**
In Degersee spazieren wir auf dem Sträßchen nach Westen. An der nächsten Ansiedlung Busen-

haus gehen wir links vorbei. Der Weg beschreibt einen Links-Rechts-Knick und bringt uns zu einem querenden Sträßchen. Jetzt halten wir uns links und spazieren nach Wettis.

Nach der ersten Häusergruppe kommen wir an zwei Häusern vorbei, nach denen wir links in Richtung »Hörbolz« abbiegen. In dieser Ansiedlung orientieren wir uns links in Richtung »Rengersweiler« und spazieren nach »Hörbolzmühle«.

Nachdem wir hier links abgebogen sind, geht es nun kurz auf einem vielleicht etwas belebteren Sträßchen weiter. Wir biegen zweimal links ab und kommen zurück nach Degersee.

Die Tour führt um den Degersee.

■ **Länge:**
Etwa 4 Kilometer.

■ **Zeit:**
Etwa 1½ Stunden.

■ **Höhenunterschied:**
Etwa 60 Meter.

■ **Empfohlene Karte:**
Freizeitkarte 529 Östlicher Bodensee, Landesvermessungsamt Baden-Württemberg.

■ **Einkehrmöglichkeit:**
Degersee.

■ **Wegbeschaffenheit / Kinderwageneignung:**
Wir gehen auf asphaltierten Sträßchen.

Obstplantagen, Wiesen und Waldstücke

Oberreitnau – Richtung Höhenreute – Oberreitnau

Die interessant bewegte Landschaft bei Oberreitnau erkunden wir bei diesem Spaziergang. Wir bewegen uns zwischen Wiesen und Obstplantagen, ein Stück führt durch ein Wäldchen. Ab und zu haben wir Aussicht bis zu den Alpen.

■ **Ausgangspunkt:**
Lindau-Oberreitnau.

■ **Wegverlauf:**
Die Pfarrkirche Sankt Pelagius in **Oberreitnau** stammt aus der

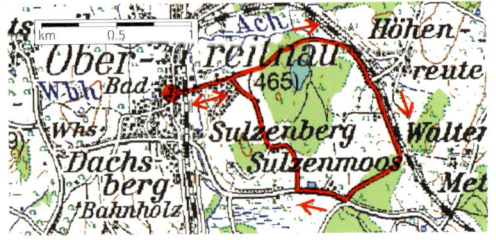

späten Gotik und wurde 1694 bis 1699 umgebaut. Der Turm geht noch auf das 14./15. Jahrhundert zurück. Sie besitzt eine bemerkenswerte Inneneinrichtung aus dem Barock. Der Hochaltar wurde um 1700, das von Max Bentele stammende Bild der Kreuzabnahme um 1880 geschaffen. Ein sehenswerter Fachwerkbau ist der 1650 datierte Gasthof »Adler«.

Von der Durchgangsstraße biegen wir zur Schlossstraße in Richtung »Tennisplatz« ab und überqueren die Bahnlinie. Wo die Straße nach rechts bergauf zieht – hier kommen wir später wieder zu-

rück – gehen wir geradeaus weiter in Richtung »Höhenreute«. Nach einer Rechtskurve treffen wir auf die Bahnlinie, der wir nun folgen. Höhenreute lassen wir links liegen, kurz danach zieht unser Weg nach rechts, und wir treffen nach einem kleinen Waldstück auf die Landstraße. Wir gehen parallel zu der Straße nach rechts. Wo dieser Wander- und Radweg aufhört, biegen wir auf den Rad- und Fußweg nach rechts ab. Nun geht es hinauf, oben treffen wir auf die Straße, die wir noch von Anfang her kennen. Nach links bringt sie uns zurück zum Ausgangspunkt.

■ **Länge:**
Etwa 3 Kilometer.

■ **Zeit:**
Etwa 1 Stunde.

Streuobstwiesen bei Oberreitnau

■ **Höhenunterschied:**
Etwa 100 Meter.

■ **Empfohlene Karte:**
Freizeitkarte 529 Östlicher Bo-
densee, Landesvermessungsamt
Baden-Württemberg.

■ **Einkehrmöglichkeit:**
Oberreitnau.

■ **Wegbeschaffenheit /
Kinderwageneignung:**
Wir spazieren auf asphaltierten
Sträßchen.

Am Rande
des Allgäus

*Siberatsweiler – Liebenweiler – Doberatsweiler –
Gunderatsweiler – Siberatsweiler*

Die Landschaft, durch die dieser Spaziergang führt, erinnert mit
ihren Hügeln und den vielen Wiesen schon etwas an das nahe
Allgäu. Außerdem bietet sich uns bei klarem Wetter immer wieder
ein schöner Blick zu den Alpen.

■ **Ausgangspunkt:**
Achberg-Siberatsweiler.

■ **Wegverlauf:**
Östlich der Kirche nehmen
wir die in Richtung »Liebenweiler« abgehende Straße. In
dieser Streusiedlung orientieren wir uns nach »Doberatsweiler«. Dort biegen wir bei
den ersten Häusern rechts ab
nach »Gunderatsweiler«. Wir
spazieren, bis wir nach Gunderatsweiler an einer Verzwei-

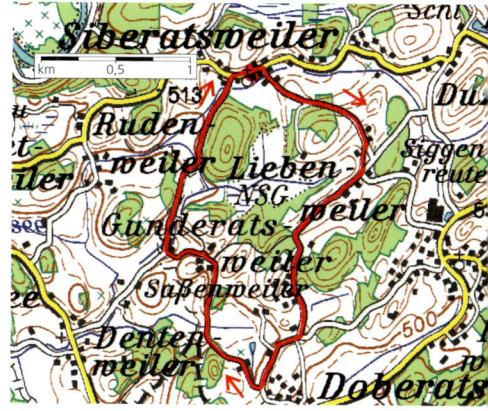

gung links eine kleine Lourdesgrotte sehen, bei der wir uns mit dem Wanderzeichen gelbe Raute rechts halten. Nun geht es vorbei an Wiesen und Waldstücken zurück nach Siberatsweiler.

■ Länge:
Etwa 6 Kilometer.

■ Zeit:
Etwa 2 Stunden.

■ Höhenunterschied:
Etwa 100 Meter.

■ Empfohlene Karte:
Freizeitkarte 529 Östlicher Bodensee, Landesvermessungsamt Baden-Württemberg.

■ Wegbeschaffenheit / Kinderwageneignung:
Wir spazieren auf asphaltierten Sträßchen.

Bauernhof am Wegrand

Teil 2
Städte und Orte

Bodman

■ **Auskunft:**

Tourist-Information Bodman, Seestraße 5, 78351 Bodman-Ludwigshafen, Telefon (0 77 73) 93 96 95, www.bodman-ludwigs hafen.de, E-Mail: tourist-info@bod man-ludwigshafen.de

■ **Ortsbesichtigung:**

Die katholische **Pfarrkirche Sankt Petrus und Paulus** geht auf die Romanik zurück. Das heutige Gebäude wurde Ende des 19. Jahrhunderts über einer Anlage aus dem 14. Jahrhundert errichtet. Sehenswert ist die kreuzgratgewölbte Gruftkapelle der Familie von Bodman von 1610 mit zwei Bronzeepitaphien sowie zwei Tafelbildern aus dem Umkreis des Meisters von Meßkirch (Mitte 16. Jh.). Das saalartige Innere ist mit einer hölzernen Felderdecke versehen.

Das **Schloss** wurde 1757/58 als Amtshaus errichtet, 1830/31 fanden Erweiterungsmaßnahmen im

Stil des Klassizismus Weinbrenners statt. Der beim Schloss liegende **Park** im englischen Stil kann von April bis Oktober wochentags besichtigt werden. Hier befinden sich auch eine kleine **Kapelle** (1870) und ein gusseiserner **Pavillon.**

Neben dem Schloss stehen ein als Freiherrenhaus bezeichnetes Gebäude, die ehemalige **Kanzlei** (1850), sowie die so genannte **Villa.** Der **obere Torkel** ist ein Fachwerkhaus mit Walmdach und ornamental angebrachten Luftöffnungen. Das Gebäude wurde 1772 von den Herren von Bodman errichtet und diente ab 1807 als Weinpresse. Ein mächtiges Walmdach beschützt das **Grethaus.** Auch das **Seetor,** heute das älteste Gebäude des Ortes, ist sehenswert. Es war im 12./13. Jahrhundert vielleicht Teil der Wehranlage und wurde 1783 zum Wohnhaus umgebaut.

Eriskirch

■ **Auskunft:**

Städt. Verkehrsamt, Schussen-straße 18, 88097 Eriskirch, Telefon (0 75 41) 97 08-22, Fax (0 75 41) 97 08-77, www.eriskirch.de, E-Mail: tourist@eriskirch.de

■ **Ortsbesichtigung:**

Die einschiffige **Pfarr- und ehemalige Wallfahrtskirche Unserer Lieben Frau** mit dem hohen, spitzen Turm wurde um 1400 erbaut und ist mit bedeutenden Kunstwer-

Das Schloss in Bodman liegt in einem schönen Park.

ken des »Meisters von Eriskirch« ausgestattet. Eine Marienwallfahrt hierher wurde bereits im 13. Jahrhundert bezeugt und gehört zu den ältesten Wallfahrten Südwestdeutschlands. 1870 und 1933 wurden die gotischen Wandfresken (15. Jh.), heute der bedeutendste Kirchenschmuck, wiederentdeckt. Eine Besonderheit darunter ist die Darstellung der Hostienmühle. 1408 stiftete Heinrich von Montfort die Glasgemälde im Chor. Die Madonna auf dem linken Seitenaltar wurde Mitte des 14. Jahrhunderts im so genannten weichen Stil geschaffen. Das Vesperbild stammt von etwa 1660, das gotische Sakramentshäuschen aus dem 14. Jahrhundert, die Kanzel ist barock.

Aus dem 16. Jahrhundert stammt das außergewöhnlich große **Pfarrhaus.**

Die gedeckte **Holzbrücke** über die Schussen wurde 1828 erbaut.

Friedrichshafen

■ **Auskunft:**

Tourist-Information Friedrichshafen, Bahnhofplatz 2, 88045 Friedrichshafen, Telefon (0 75 41) 30 01-0, Fax (0 75 41) 7 25 88, www.friedrichshafen.info, E-Mail: tourist-info@friedrichshafen.de

■ **Stadtbesichtigung:**

Die evangelische **Pfarr- und Schlosskirche Sankt Andreas und Sankt Pantaleon** wurde 1215 ge-

weiht. 1695 bis 1701 errichtete der Vorarlberger Christian Thumb einen Neubau, der zu den berühmten oberschwäbischen Bauwerken des Barock zählt. Der Bau war einst die größte Kirche am See. Die beiden 55 Meter hohen Kuppeltürme aus Rorschacher Sandstein sind das Wahrzeichen der Stadt. Die Kirche ist mit sehenswerten Stuckaturen von Johann und Franz Xaver Schmuzer geschmückt. Der Stuckmarmor-Hochaltar wurde 1711 nach einem Entwurf von Franz Schmuzer erbaut, die Seitenaltäre stammen von Bellucci und Feuchtmayer. Im Jahr 1700 wurde die Stuckmarmor-Kanzel geschaffen, das zweireihige Chorgestühl mit seinen prächtigen Schnitzereien stammt ursprünglich von Martin Höfle (1701).

Anstelle des heutigen **Schlosses** stand zuerst das 1089 erstmals erwähnte Benediktinerinnenkloster Hofen, eine Stiftung der Gräfin Bertha von Buchhorn. Im Dreißigjährigen Krieg sind 1634 das Dorf Hofen und die Klostergebäude zerstört worden. 1654 bis 1661 wurde unter der Leitung von Michael Beer ein »Neuer Bau« zur Verwaltung der Klostergüter erstellt, ab 1695 ließ das Kloster Weingarten von Christian Thumb eine größere Klosteranlage unter Einbeziehung des Neuen Baus errichten. Diese Anlage wurde von einem Männerkonvent bezogen. Das Kloster fiel 1802/03 zusammen mit Weingarten an den Fürsten von Oranien-Nassau, der es sofort aufheben ließ. Aus dieser barocken Klosteranlage ging dann das heutige Schloss Friedrichshafen hervor, das unter Wilhelm I. von Württemberg 1824 zum Sommersitz der Herrscherfamilie umgebaut wurde. Es gehört noch der Familie, eine Innenbesichtigung ist nicht möglich.

Der ehemalige **Schlosshafen** befindet sich unterhalb des Schlosses. Nach 1918 wurde er kaum noch genutzt.

Nordöstlich des Schlosses findet man sehenswerte **Villen** vom Anfang des 20. Jahrhunderts in landhausartigem, expressionistischem Heimat- und Jugendstil (Schmidstraße 3, 4, 7 und 9, Margarethenstraße 5).

Die katholische **Pfarrkirche Sankt Nikolaus** am Marktplatz geht auf das 15. Jahrhundert zurück und wurde später mehrfach umgebaut; im 13. Jahrhundert existierte wohl schon ein Vorgängerbau. Die gotisierenden Glasfenster sind von

1960, das Kruzifix über dem Altar von etwa 1690. Außerdem sieht man eine Madonna von etwa 1460 und eine Nikolausfigur (etwa 1720).

Nördlich der Eisenbahn steht die 1927/28 von Hugo Schlösser und Wilhelm Friedrich Laur im expressionistischen Stil erbaute katholische **Pfarrkirche Sankt Petrus Canisius.**

Das denkmalgeschützte **Zeppelindorf** nördlich der Altstadt hinter der Messe wurde ab 1913 nach Plänen von Paul Bonatz im Stil englischer Gartenstadtarchitektur erbaut. Westlich davon findet man eine weitere Siedlung, deren Fachwerkbauten von Paul Schmitthenner entworfen wurden.

Die Brunnenfigur des **Zeppelin-Brunnens** unweit des Stadtbahnhofs blieb bei der Zerstörung der Stadt 1944 nahezu unversehrt. Zum Zeppelin-Jubiläumsjahr 2000 wurde der Brunnen als Rekonstruktion des 1909 errichteten Originals wieder aufgestellt. Im Stadtgarten steht das dreizehn Meter hohe **Zeppelin-Denkmal** des Bildhauers Professor Toni Schneider-Manzell, der aus dem Ort Manzell stammt. Am Adenauerplatz ist seit 2001 der vom Künstlerehepaar Barbara und Gernot Rumpf entworfene **Buchhornbrunnen** zu sehen, der auf den ursprünglichen Namen der Stadt hinweist. In

Der Rest des Schlosshafens ist immer noch ein beeindruckendes Bauwerk.

der Seestraße im ehemaligen Hafen-
bahnhof befindet sich das Zeppelin-
Museum. Von der **Haldenbergka-
pelle** bei Ailingen aus bietet sich
eine prächtige Aussicht.

Vom 22 Meter hohen **Aus-
sichtsturm** an der Hafenmole, errichtet im Jahr 2000, öffnet sich ein
Blick auf die Stadt, die Obstgärten
im Hinterland und über den Bodensee auf die Bergwelt. Von der
Uferpromenade hat man – von der
Rotachmündung bis zum Schloss –
einen weiten Blick über den See zu
den Bergen.

Hagnau

■ **Auskunft:**
Tourist-Information, Seestraße 16, 88709 Hagnau, Telefon
(0 75 32) 43 43-43, Fax (0 75 32)
43 43 30, www.hagnau.de, E-Mail:
tourist-info@hagnau.de

■ **Ortsbesichtigung:**
Die katholische **Pfarrkirche
Sankt Johann Baptist** geht auf
die Romanik zurück. Der 48 Meter
hohe Turm stammt aus der Spätgotik, besitzt aber noch romanische
Reste im Untergeschoss. Vermutlich
1729 wurde das Langhaus abgebrochen und mit einer größeren
Hallenkirche ersetzt. Später folgte
die Barockisierung der Kirche; statt
der Barockaltäre sind aber seit 1876
neugotische zu sehen. Das große
Kruzifix entstand 1877. Am nördlichen Seitenaltar steht eine Mari-

enfigur aus dem Multscher-Umkreis
(um 1460). Hinter dem Altar befindet sich ein Heiliges Grab mit
einer lebensgroßen Christusfigur.
Im südlichen Seitenaltar sieht man
eine von Christoph Daniel Schenck
(1681/82) geschaffene Figur des
heiligen Sebastian. Die beiden
dreisitzigen Chorgestühle (1675),
Beichtstuhl und Kanzel sind in Spät-
renaissance-Formen gehalten. Etwa
um 1700 entstanden die Prozessionsstangen. Die gotische thronende
Muttergottes im Langhaus stammt
aus dem 14. Jahrhundert, wurde
aber im Barock überarbeitet. Auf
das späte 15. Jahrhundert geht die
große Pietà im Langhaus zurück.
Sehenswert sind noch das Epitaph
von 1573 und die Grabplatten an
der Außenwand (um 1800). An der
südöstlichen Ecke des Kirchhofes
steht seit 1881 eine Kapelle zu
Ehren des heiligen Wendelin.

Unweit der Kirche wurde in
beherrschender Lage über dem
See zwischen 1711 und 1714 die
84 Meter lange ehemalige **Hof-
meisterei** der Abtei Weingarten,
das heutige Rathaus, erbaut. Der
**Salemer Pfleghof / Salmanns-
weiler Hof** war vermutlich Sitz
der im 13. Jahrhundert genannten
Ortsherrschaft und wurde in seiner heutigen Form 1568 auf den
Resten der ehemaligen Burg mit Buckelquadern gemauert. Das **Hotel
Löwen** ging aus dem Amtshaus
der Ortsherrschaft hervor (1596).
An seiner Außenseite ist es mit
zwei prächtigen, großen Wappen

Blick auf Hagnau

der Klöster Einsiedeln (Schweiz) und Weingarten geschmückt.

Der **Hof des Klosters Schussenried** wurde um 1742 erbaut. Von etwa 1740 stammt der zweigeschossige **Hof des Klosters Irsee** bei Kaufbeuren. Im 17. Jahrhundert enstand das **Zehnthaus** des Konstanzer Spitals (Wappen von Prassberg, 1680). Sehenswert sind noch verschiedene **Wohnbauten** aus dem 15./16. Jahrhundert, beispielsweise in der Dr.-Zimmermann-Straße, der Hansjakobstraße und in der Seestraße.

Immenstaad

■ **Auskunft:**

Tourist-Info, Dr.-Zimmermann-Straße 1, 88090 Immenstaad, Telefon (0 75 45) 20 11 10, Fax (0 75 45) 20 12 08, www.immenstaad.de, E-Mail: tourismus@immenstaad.de

■ **Stadtbesichtigung:**

Die katholische **Pfarrkirche Sankt Jodokus** geht auf die Gotik (15. Jh.) zurück und wurde bis auf den Chor und den Nordturm 1980 bis 1982 modern umgebaut. Im mächtigen neugotischen Hochaltar stehen eine Madonnenfigur von etwa 1460/70 und weitere Figuren aus dem 18. Jahrhundert. Das große Kruzifix am Hauptaltar stammt von etwa 1520, das Chorgestühl von 1711/13, die hölzerne Christusfigur an der Choraußenwand von etwa 1755. Die Christus-/Apostel-Figuren an den Chorwänden werden Christoph Daniel Schenck zugeschrieben (Ende 17. Jh.). Sehenswert sind auch die verschiedenen Grabdenkmäler aus dem 18. Jahrhundert.

Die in schlichtem Rokoko errichtete katholische **Kapelle Sankt Michael** schräg gegenüber wurde 1715 geweiht. Franz Anton Zeller malte um 1760 die Scheinkuppel an der Flachdecke. 1730 entstand der Stiftergrabstein. Der Altar ist mit einem Ölgemälde von Johann Jakob Zeiller geschmückt, das den heiligen Michael als Seelenwäger zeigt.

Die **Gebäude Hauptstraße 5 und 20** waren der Pfleghof des Klosters Ottobeuren (18. Jh.). Das spätmittelalterliche **Schwörerhaus,** Im Frickenwäsele 2, ist ein gestelzter Fachwerkbau von 1578 und wird auch Pulverturm genannt. Das Bauwerk war der Sitz des herrschaftlichen Vogts. 1723 diente es als Salz- und Torkelhaus und war die Wohnung des Michaelskaplans. Seit 1898 gehört es der Familie Schwörer. Es besitzt ein Walmdach und eine Außentreppe. Das **Rathaus** ist im Gewölbekeller mit 1607 datiert und war lange Zeit in Privatbesitz. Gegenüber steht das **Bürgerhaus.** Es wurde ursprünglich vom auf der Mainau sitzenden Deutschen Orden als Verwaltungsgebäude und Weinkeller erbaut und diente ab 1853 als Rathaus und Armenhaus. 1953 wurde es umgebaut, und seit 1982 erfüllt es die Funktion eines Bürgerhauses.

In der Hauptstraße, der Bachstraße und der Straße Wattgraben findet man weitere **Fachwerkhäuser.** Das **Haus Michael** ist das älteste Wohnhaus des Ortes. Es wurde 1461 erbaut und 1771 in zwei Wohnbereiche aufgeteilt. Das **Torkelhaus** gehörte bereits 1565 dem Kloster Ottobeuren. Das heutige Gebäude wurde 1778 nach langem Rechtsstreit für zwei große Torkel (Weinpressen) errichtet und befindet sich seit 1805 in privater Hand. Es besitzt eine achtzehn Meter lange, freitragende Holzbalkendecke und ist mit dem Wappen des Abtes Honorat Göhl (1767 bis 1802) geschmückt.

Das **Schloss Helmsdorf** geht auf eine Anfang des 13. Jahrhunderts genannte Burg zurück. Das heutige Gebäude wurde im 18. Jahrhundert errichtet.

Konstanz

■ **Auskunft:**

Tourist Information Konstanz GmbH, 78462 Konstanz, Bahnhofsplatz 13, Telefon (0 75 31) 13 30 30, Fax (0 75 31) 13 30 60, www.konstanz.de/tourismus, E-Mail: info@ti.konstanz.de

■ **Stadtbesichtigung:**

Unseren Spaziergang beginnen wir beim Bahnhof beim Konzilgebäude. Autofahrer finden in der Nähe das Parkhaus am Fischmarkt. Zuerst spazieren wir auf die Seeseite, wo uns schon die Statue der **Imperia** von Peter Lenk erwartet. Hier wird in einer von manchen als provokant verstandenen Weise auf das Konzil und die Freudenmädchen Bezug genommen. Als literarische Vorlage diente eine italienische Edelkurtisane, der Honoré de Balzac in den »Tolldreisten Geschichten« ein Denkmal setzte; die Handlung hatte Balzac in Konstanz angesiedelt. Dann umgehen wir das **Konzilgebäude** auf seiner Seeseite. Es wurde ab 1388 als städtisches Kaufhaus erbaut und gilt als größter erhaltener mittelalterlicher Profanbau Süddeutschlands. Hier wurde während der Zeit des Konstanzer Konzils vom 8. bis 11. November 1417 der Papst gewählt – die einzige Papstwahl auf deutschem Boden. Otto Colonna, der auserkoren worden war, nannte sich Martin V.

Vor dem Stadtgarten überqueren wir die Bahnlinie und sehen

rechts das **Alte Rathaus.** Ein erstes Rathaus wurde im 13. Jahrhundert urkundlich erwähnt. 1484 entstand ein Neubau. Vom ursprünglichen Bau blieb noch das spätgotische Doppelportal mit der Wappentafel von Ulrich Gryfenberg von 1479 erhalten. Der dritte Bau stammt von Johann Michael Beer (1732/33). Im Jahr 1863 wurde der Bau als Hotel um zwei Stockwerke aufgestockt.

Danach gehen wir über die Konzilstraße zum Fischmarkt und durch die Münzgasse weiter. In der rechts abgehenden Hohenhausgasse sehen wir das fünfgeschossige **Wohnhaus Zum Goldenen Löwen.** Der untere Teil wurde um 1450 vom Domkustos Otto von Rinegg erbaut, das Obergeschoss stammt aus der Zeit um 1570/80. Damals entstand auch die farbenprächtige Fassadenmalerei.

Wir folgen weiter der Münzgasse in Richtung Marktplatz. Noch vor dem Platz können wir nach links einen Abstecher in die Hussenstraße machen, wo wir zahlreiche interessante Bauten finden. In dem aus dem 14. Jahrhundert stammenden **Haus Zum Delphin** lebte Hieronymus von Prag, Freund und Mitstreiter von Jan Hus, der seinerseits in einem anderen Haus in derselben Straße wohnte.

In der Kanzleistraße gehen wir nach links zum **Neuen Rathaus**. Es besitzt einen Innenhof, der von der italienischen Renaissance geprägt ist. Errichtet wurde es 1592 bis 1600 vermutlich von Jakob Bock.

Es entstand aus mehreren Privatgebäuden. Im Erdgeschoss befindet sich eine zweischiffige kreuzgewölbte Halle auf Wandpfeilern und Renaissancesäulen. Die Malereien schuf Ferdinand Wagner d. Ä. im Jahr 1864. In den Brüstungsfeldern des ersten Obergeschosses sieht man beispielsweise bedeutende Ereignisse aus der Konstanzer Geschichte. Es wurde Ornamentik im Stil der Renaissance geschaffen. Gezeigt werden allegorische Figuren, der legendäre Stadtgründer – der römische Kaiser Constantius Chlorus – sowie Porträtmedaillons berühmter Stadtsöhne.

Mit verbaut ist das Zunfthaus der Leineweber »Zur Salzscheibe«. 1549 bis 1592 diente es als Lateinschule. Das heutige Gebäude wurde 1594 von Alexander Guldinast im Renaissancestil erbaut, die Fassadenmalerei brachte Ferdinand Wagner 1864 an. Ganz am Ende der Hussenstraße kommen wir zum **Hus-Haus** und **Hus-Museum** und zum **Schnetztor** (14. Jh.) mit seiner dekorativen Fachwerkgestaltung; das Tor stellte früher die südliche Stadtbegrenzung dar.

Dann geht es zurück zur Münzgasse. Hier halten wir uns links zum Marktplatz. Vor uns sehen wir das ebenfalls bemalte **Hotel Zeppelin,** das 1905 nach einem Brand neu aufgebaut wurde. Dann gehen wir über den Marktplatz zur katholischen **Pfarrkirche Sankt Stephan und Nikolaus,** der ehemaligen Stiftskirche eines Chorherrenstifts.

Sie bestand wohl schon im 7. Jahrhundert und ist die älteste Pfarrkirche der Stadt. Der Turm wurde 1485/86 vollendet. Während des Konzils tagte hier das päpstliche Gericht. Im Verlauf der Reformation sind das ursprüngliche Mobiliar und der Kirchenschatz weitgehend zerstört worden. 1770 bis 1773 wurde die Kirche barockisiert. Sehenswert sind beispielsweise das Chor-

Seepromenade am Hafen von Konstanz

gestühl (großteils um 1270), die spätgotischen Glasmalereien, das Sakramentshäuschen eines niederländischen Künstlers (1594), die Deckengemälde (nach 1770), die Heiligenfiguren an den Pfeilern (z. B. von 1570), neugotische Altäre, Kanzel und Beichtstühle (18. Jh.) und die Taufkapelle mit der großen Ölbergdarstellung.

Wir gehen rechts an der Kirche vorbei in die Wessenbergstraße. Das **Wessenberghaus / Haus Zum Panthertier** besitzt eine reich geschmückte Fassade (um 1860). Es wurde aus zwei Häusern des 14. Jahrhunderts geschaffen, ab 1551 war es Domherrenhof. Das Gebäude diente als Wohn- und Sterbehaus des letzten Bistumverwesers Ignaz Heinrich von Wessenberg (1774–1860). Das **Kulturzentrum** ging aus einer Kirche aus

dem 10. Jahrhundert hervor; daran grenzt der **Pfarrhof** an. Rechts steht das gewaltige Münster, links am Münsterplatz das äußerlich unscheinbare **Haus zur Kunkel.** Es ist ein Kanonikerhaus und wurde 1815 aus mehreren Häusern vereinigt. Innen sieht man im ganzen Haus Wandmalereien aus dem 14. Jahrhundert. Die berühmten Weberfresken (um 1315) im zweiten Stock erzählen von diesem alten Gewerbe. In der Gerichtsgasse finden wir den **Lindenhof,** den ehemaligen Domherrenhof. Die Anlage entstand im 17. Jahrhundert aus einem mittelalterlichen Vorgängerbau. Der **Blarersche Domherrenhof** (1612–1620), Gerichtsgasse 15, ist schon 1267 als Wohnhaus erwähnt worden, das heutige Gebäude stammt allerdings aus dem 17. Jahrhundert. Es besitzt ein repräsentatives Renaissanceportal mit einer der Darstellung des heiligen Jakobus.

Der älteste Bauteil des spätgotisch wirkenden **Münsters** ist die Krypta, die wohl schon auf das 8. bis 10. Jahrhundert zurückgeht. Durch den Bildersturm der Reformation gingen viele Kunstwerke verloren. Bis ins 18. Jahrhundert fanden fast ständig Baumaßnahmen statt, Mitte des 19. Jahrhunderts eine Außenrestaurierung durch Heinrich Hübsch. Sehenswert sind unter anderem geschnitzte Türflügel (16. Jh.), zahlreiche Kapellen, insbesondere die reich geschmückte Welserkapelle (15./16. Jh.), die Mauritiuskapelle mit einem Heiligen Grab und die Konradskapelle aus dem 13. Jahrhundert mit einem prachtvollen Flügelaltar, die Krypta mit dem Grab des Heiligen Pelagius, der Hochaltar (1774), Thomasaltar (1680/81) und zahlreiche weitere Altäre, Chor-

gestühl (1466–1471), Grabplatten, Kanzel (1680), Orgelempore (um 1518). Der »Schnegg« ist ein mit feinem Maßwerk verzierter spätmittelalterlicher Treppenturm. Vom Kreuzgang sind nur noch zwei Flügel (13. bis 15. Jh.) erhalten. Rechts des Münsters finden wir im Pfalzgarten die **Mariensäule** von 1683.

Wir spazieren links des Münsters in Richtung See. Links liegt mit **Sankt Josef** ein ehemaliger Klaustralhof aus dem 13. Jahrhundert; einst war er als »von Rollscher Hof« ein Domherrenhof und Wohnsitz des Bischofs. In einer Seitengasse steht das um 1240 erbaute **Pfründhaus** der Capella Sankt Margareta. Hier wohnte der Maler Meister Kun (1320). Danach kommen wir in Richtung See zur stuckgeschmückten altkatholischen **Christuskirche.** Sie ist die ehemalige Jesuitenkirche Sankt Konrad und wurde 1604 bis 1607 erbaut. Der Hochaltar stammt von 1736. Die reiche Barock- und Rokokoausstattung geht vorwiegend auf das 18. Jahrhundert zurück. In der Konzilstraße biegen wir links ab und kommen an dem Anfang des 17. Jahrhunderts als Jesuitengymnasium erbauten **Stadttheater** vorbei. Es gilt als eine der ältesten noch bespielten Bühnen im deutschen Sprachraum.

Prächtige Fassadenmalerei in der Konstanzer Altstadt

Nach links gehen wir zur leuchtend rot gestrichenen **Dompropstei.** Sie wurde anstelle des bischöflichen Spitals 1609 als Verwaltungs- und Repräsentationsgebäude der Fürstbischöfe erbaut und diente diesem Zweck bis zur Säkularisation. Das Bauwerk besitzt eine bemerkenswerte Hauskapelle, einen Rokokosaal und -balkon und eine prächtige Fassade. Folgt man der Rheingasse bis zur Brückengasse, kommt man zur kleinen **Klosterkirche Sankt Katharina,** die dem Dominikanerinnenkloster Zoffingen gehörte. Das Kloster geht auf eine Schenkung von 1269 zurück, Baumaßnahmen an der heutigen Anlage fanden zwischen dem 13. und 18. Jahrhundert statt. Die Innenausstattung stammt vorwiegend aus dem 17. Jahrhundert. Besonders zu erwähnen ist das Vesperbild von Christoph Daniel Schenck (1684), die einzige signierte und datierte Großplastik des Bildhauers.

Vor der Dompropstei am Rhein steht der **Rheintorturm,** weiter links am Rheinsteig der kleinere **Pulverturm.** Von der ehemaligen **Befestigung** sind außerdem – mittlerweile verbaute – Reste in der Konradigasse, der Unteren und Oberen Laube sowie hinter der Bodanstraße erhalten. An Türmen findet man außer den beiden erwähnten noch das oben geschilderte **Schnetztor.**

Wir unterqueren bei der Dompropstei die Konzilstraße und halten uns auf der anderen Seite rechts. Links steht das 1102 erstmals erwähnte **Dominikanerkloster.** Seine Kirche war größer als das Münster. 1785 wurde eine Baumwollmanufaktur darin eingerichtet. Heute noch findet man im ehemaligen Kirchenschiff Wandmalereien aus dem 14. Jahrhundert. Die Bilder im Kreuzgang sind Ende des 19. Jahrhunderts entstanden. Der Mönch Heinrich Seuse (Suso), einer der großen Dichter und Prediger des 14. Jahrhunderts, lebte hier. Graf Zeppelin erblickte in dem Gebäude 1838 das Licht der Welt. Seit einem grundlegenden Umbau 1874 befindet sich ein Hotel in der Anlage.

Danach halten wir uns links in den Stadtgarten und spazieren zurück zum Konzilgebäude beziehungsweise zum Bahnhof oder Parkhaus.

Langenargen

■ **Auskunft:**

Amt für Tourismus, Kultur und Marketing, Postfach 42 73, 88081 Langenargen, Telefon (0 75 43) 93 30 92, Fax (0 75 43) 46 96, www.langenargen.de, E-Mail: touristinfo@langenargen.de

■ **Stadtbesichtigung:**

Die barocke katholische **Pfarrkirche Sankt Martin** wurde ab 1718 unter den Grafen von Montfort erbaut und 1722 geweiht. Innen erblickt man schönen Stuck, einen prachtvollen Hochaltar (Mitte

Beim Schloss Montfort findet man einen kleinen Park.

18. Jh.), eine spätgotische Madonna, sehenswerte Deckenfresken von Dominikus Anton Maulbertsch und Seitenaltäre. Bemerkenswert sind noch das Triumphbogenkreuz (17. Jh.), die Holzkanzel (18. Jh.), der Taufstein und verschiedene Skulpturen. In der 1728 angebauten Marienkapelle sieht man fünfzehn beachtenswerte Rosenkranzmedaillons (Nachfolge Hans Zürn).

Im ummauerten Kirchhof steht die **Gottesackerkapelle Sankt Anna.** Sie besitzt sehenswerte Gemälde und Skulpturen sowie einen gotischen Wandtabernakel (1442).

Das **Hospital Zum Heiligen Geist** wurde im 15. Jahrhundert gegründet, 1716 bis 1718 unter Graf Anton von Montfort als barockes Spitalgebäude erbaut und diente einst körperlich gebrechlichen Personen als Zufluchtsort und als Armenanstalt. Heute ist ein Altersheim in dem Gebäude untergebracht.

Zusammen mit der Kirche prägt es den Marktplatz.

Die frühere Insel war seit dem Mittelalter durch die Burganlage der Grafen von Montfort befestigt. 1647 wurde die Burg von den Schweden ausgeplündert, 1649 brannte sie aus. Erst 1667 wurde sie von den Montfortern wieder bewohnbar gemacht. Die Herrschaft gelangte 1780 an das Haus Habsburg, war später fünf Jahre der bayerischen Krone zugehörig und kam anschließend 1810 an Württemberg. Das **Schloss Montfort** wurde auf dem Platz einer Vorgängeranlage 1861 bis 1866 in einer gotisch-maurischen Stilmischung als königlicher Sommersitz unter König Wilhelm I. und Thronfolger Karl errichtet. Es diente dann fast dreißig Jahre lang Prinzessin Luise von Preußen als Sommersitz. Vom Turm aus hat man einen herrlichen Blick über den See zu den Alpen. Das **Kavalierhaus** am Rand des Schlossparks ist architektonisch auf das Schloss bezogen. Es wurde ab 1866 erbaut.

Das **Rathaus** am östlichen Ende des Straßenmarktes stammt aus dem 17. Jahrhundert. Als Korn- und Lagerhaus wurde das historisierende ehemalige **Zollamt** am Hafen 1823 eingeschossig erbaut; 1855 erfolgte die Erhöhung um ein Stockwerk. Der frühere **Montfortsche Amtshof,** Obere Seestraße 39 und 43, wurde im 16. Jahrhundert errichtet. Ältester Profanbau des Städtchens ist das **Alte Pfarrhaus,** Sankt-Anna-Straße 11, das im unteren Teil auf die Romanik zurückgeht. Sehenswert ist auch die **Getreide- und Sägemühle,** Lindauer Straße 86, mit gusseisernen Mühlrädern von 1882. Im **Münzhof,** heute kulturelles Zentrum, wurde ab 1621 eine Münzstätte betrieben.

Das mächtige **Kaplaneihaus,** Friedhofstraße 6, entstand vermutlich in der Barockzeit und wurde später klassizistisch umgewandelt. Im barocken **Pfarrhaus** am Marktplatz befindet sich heute das städtische Museum.

Lindau

■ **Auskunft:**

ProLindau Marketing GmbH & Co. KG, Ludwigstraße 68, 88103 Lindau, Telefon (0 83 82) 26 00 30, Fax (0 83 82) 26 00 26, www. lindau-tourismus.de, E-Mail: info@ prolindau.de

■ **Stadtbesichtigung:**

Im Westen beim großen **Seeparkplatz** beginnen wir unseren Stadtspaziergang. Dann gehen wir auf dem Uferweg an das Westende der Insel zur **Pulverschanze.** Sie wurde 1614 als Bastion angelegt

und bietet eine herrliche Aussicht auf den Bodensee und die Bergwelt. Der **Pulverturm** wurde 1508 erbaut und noch im 16. Jahrhundert in die Ummauerung einbezogen.

Wir spazieren weiter am Ufer entlang und kommen zum **Seehafen.** Der 1811 angelegte und 1853 bis 1856 vergrößerte Lindauer Hafen ist einer der schönsten und geschlossensten Häfen am Bodensee. Direkt am See steht der 33 Meter hohe **Neue Leuchtturm,** zu dem man auf einem schmalen Zugang gelangt. An der Nordseite der Hafenanlage finden wir den wuchtigen **Alten Leuchtturm** (um 1200); er war ursprünglich nur über den hölzernen Wehrgang erreichbar.

Das schmucke rosa Gebäude mit der geschnitzten Holztür und dem schmiedeeisernen Gitter ist das **Finanzamt.** Es hat zwar ein barockes Aussehen, wurde aber erst in der Zeit um 1900 erbaut. Danach kommen wir zur **Römerschanze.** Sie stammt aus dem frühen Mittelalter, ihren Namen hat sie von einem Fund römischer Münzen. Danach erreichen wir auf schmalem Zugang den sechs Meter hohen **bayerischen Löwen.** Er wurde 1856 von Johann von Halbig aus Kelheimer Sandstein gefertigt.

Am östlichen Ende der Hafenanlage gehen wir nach Norden zur Straße Brettermarkt. Die Straße hat ihren Namen von dem hier einst etablierten Holzmarkt. Gebäude Nr. 7, das so genannte **Abel-Haus,** diente ursprünglich Offizieren als Dienst-

und Wohnhaus. **Nr. 9** wurde im 17. Jahrhundert aus zwei Gebäuden erbaut. Es besitzt einen zierlichen Erker (um 1600). **Nr. 10** ist das ehemalige Offizierskasino.

In der Straße Brettermarkt halten wir uns rechts und gehen weiter bis zum Barfüßerplatz mit dem **Stadttheater.** Ursprünglich war das Theatergebäude eine Barfüßerkirche (Franziskanerkirche). Sie wurde etwa 1250 bis 1280 erbaut, der Chor 1380 vollendet. Nördlich des Theaters verläuft die **Fischergasse,** in der dicht gedrängt teils sehr schmale Häuser stehen. Sie wurden meist nach den Bränden von 1720 und 1728 errichtet. Wir gehen vom Theater aus etwas nach rechts. Durch eine Passage zwischen den Häusern **Nr. 19** und **21** erreicht man die **Gerberschanze** (17. Jh.). Vor dem Dreißigjährigen Krieg war sie eine Hauptbastion des damals neu angelegten Gürtels zur Verteidigung der Seeseite.

Danach gehen wir durch die Fischergasse zurück bis zum Theater und halten uns in der Linggstraße rechts. Der Brunnen ist der **Eichmeisterbrunnen.** Die Häuser in der Linggstraße stammen aus dem 15. und 16. Jahrhundert, Haus **Nr. 14** sogar aus dem 14. Jahrhundert. Haus **Nr. 20** war das Zunfthaus der Schneider, zu denen auch die Buchdrucker, Papiermacher, Färber, Glaser, Hut- und Kammmacher, Krämer, Kürschner, Knopfmacher und Weber gehörten. Der **Linggbrunnen** wurde 1920 neben dem

später abgebrochenen Geburtshaus des Dichters Hermann Lingg errichtet. Dessen Gedicht »Das Krokodil von Singapur« gab dem von Paul Heyse 1856 in München gegründeten Dichterkreis »Gesellschaft der Krokodile« den Namen. Wir kommen zum Stiftsplatz, wo wir die ehemaligen **Stiftsgebäude** finden. Die erste Anlage der um 800 gegründeten und 1466 gefürsteten Reichsabtei brannte 1728 ab und wurde etwa 1731 bis 1736 nach Plänen von Christian Wiedemann neu erbaut.

Nördlich davon befindet sich die **Stiftskirche Unserer Lieben Frau.** Die zum ehemaligen Stift gehörende Kirche zählt zwar zu den ältesten Kirchen in Schwaben (9. Jh.), das Gebäude wurde aber im Mittelalter mehrfach umgebaut und nach dem Stadtbrand von 1728 von Johann Caspar Bagnato im Stil des Barock 1748 bis 1752 neu errichtet. Die Kirche wirkt von außen recht schlicht, zeigt sich innen aber als ein prunkvoller barocker Raum mit einem fast flachen Spiegelgewölbe. Die Stuckierung des Saals und der Altäre stammt vermutlich von dem Wessobrunner Georg Gigl (1749–1752) und dem Lindauer Andreas Bentele. Das Gemälde im Hochaltar schuf der Kemptener Hofmaler Franz Georg Hermann. Die Seitenaltäre sind von Andreas Bentele, die Blätter malten Franz Georg Hermann und Johann Georg Bergmüller. Franz Karl Fischer schuf 1756 das Taufbecken. Sehenswert sind auch die Stuhlwangen mit der reichen Muschelwerkschnitzerei, der prächtige spätbarocke Orgelprospekt von Franz Karl Fischer (1755) und die zahlreichen Grabdenkmäler.

Direkt nördlich gegenüber der katholischen Kirche steht die evangelische **Pfarrkirche Sankt Stephan.** Der heutige Bau der ursprünglich romanischen Kirche (um 1180) wurde um 1506 errichtet. Am

Bodensee-Klassiker: die Lindauer Hafeneinfahrt mit Löwe und Leuchtturm

Chor sieht man an der Südseite neben dem Turm ein aus der Romanik stammendes Skulpturfragment (um 1200) mit einen Seeungeheuer und einem menschlichen Kopf. Während die Vorhalle aus dem Rokoko stammt, ist das Innere schlicht, entsprechend dem reformatorischen Geist. Bei einem Bildersturm 1530 wurde die Ausstattung zerstört; aus der Kirche wurde eine Predigerkirche. Sie ist im Stil des Frühklassizismus gehalten und nur wenig in vornehmem Grün und Weiß stuckiert. Die Orgel besitzt ein prächtiges, 1783 von Josef Sterck geschnitztes Gehäuse, das als eines der schönsten der Gegend gilt. Der Altar, die Stuckmarmorkanzel und der Taufstein entstanden 1781. Im Chor befinden sich Epitaphe der berühmten Lindauer Bürger Daniel und Valentin Heider. Daniel Heider († 1647) war kaiserlicher Rat, sein

Sohn Valentin nach dem Dreißigjährigen Krieg Rechtsreferent für zahlreiche oberschwäbische Städte. Das von seiner Frau 1664 errichtete Epitaph ist 3,75 Meter hoch.

Westlich der Kirchen liegt der malerische Marktplatz, in dessen Mitte der **Neptunbrunnen** (1840) steht. Er zeigt unter anderem eine antikische Säule, einen von Delfinen gestützten Blattkelch und den Meergott. An der Westseite des Marktplatzes finden wir eines der schönsten Häuser Lindaus, das **Haus Zum Cavazzen.** Das beeindruckend verzierte Haus ist vermutlich nach dem lombardischen Kaufmannsgeschlecht de Cavazzo (de Kawatz) benannt, das im 16. Jahrhundert in der Stadt lebte. In ihm befindet sich das Stadtmuseum.

Südlich anschließend liegt der später erbaute **Kleine Cavazzen,** Linggstraße 2. Am Marktplatz stehen nach den Bränden 1720 und 1728 großenteils neu erbaute Bürger- und Patrizierhäuser aus dem Spätbarock. Auf der Nordseite des Marktplatzes zieht die Schmiedgasse nach rechts. Hier erblickt man das 1237 erstmals erwähnte **Heilig-Geist-Spital.** Das Gebäude wurde 1572 nach Zerstörungen wiederhergestellt und 1811 bis 1817 aus mehreren Häusern zur heutigen Vierflügelanlage umgebaut. Östlich davon finden wir die **Heidenmauer.** Der etwa neun Meter hohe Turmstumpf, dessen Mauern etwa 3,75 Meter dick sind, besteht aus mächtigen Buckelquadern.

In der Schmiedgasse gehen wir nun wieder zurück, überqueren den Marktplatz und finden an dessen Westseite das **Haus Zum Baumgarten.** Dieses vornehme, dreigeschossige Gebäude mit Walmdach und Gaupen wurde 1728 bis 1730 von Jakob Grubenmann erbaut.

Jetzt spazieren wir halblinks durch die Cramergasse, die seit etwa 1700 so genannt wird. Ihren Namen hat sie vielleicht von einer Familie Cramer, die in den Häusern 1 und 3 wohnte. Das stattliche Haus **Cramergasse 9** wurde um 1600 von dem Lindauer Bildhauer Esaias Gruber d. J. errichtet; die Obergeschosse wurden nach 1728 umgebaut. Die einstige **Hirschapotheke** stammt im Kern aus dem 14. Jahrhundert und wurde im 17./18. Jahrhundert umgebaut. Das Gebäude besitzt ein schmiedeeisernes Rokokogitter. Das ehemals

Zum Feigenbaum genannte Haus Nr. 19 besitzt Zinnengiebel und Familienwappen vom 15. bis zum 19. Jahrhundert.

Dann befinden wir uns in der **Maximilianstraße,** wo sich das meiste Leben abspielt. Sie war früher die Hauptverkehrsader der Stadt. Auf das Stift ausgerichtet, wurde sie im 12. Jahrhundert planmäßig angelegt. Die Straße blieb seit dem 15. Jahrhundert in ihrem Erscheinungsbild nahezu unverändert und gilt als eine der bedeutendsten mittelalterlichen Straßenzeilen in deutschen Städten. Sie besitzt hochgiebelige, repräsentative Bürgerhäuser, die zum Teil auf die Gotik im 13. und 14. Jahrhundert zurückgehen, meist aber aus dem 16. und 17. Jahrhundert stammen. Wegen ihrer Laubengänge erwecken manche dieser Bauwerke einen südländischen Eindruck.

Der **Kinderfestbrunnen** wurde im Jahr 2000 anstelle des dem Vandalismus zum Opfer gefallenen Trommlerbrunnens geschaffen. Die Säule ist aber noch die alte. Man sieht hier Darstellungen der Faulheit, der Geschwätzigkeit, der Bosheit und der Dummheit.

Das vielleicht Mitte des 14. Jahrhunderts, sicher jedoch 1430 erwähnte **Haus Zum Sünfzen,** Nr. 1, war einst die Trinkstube der 1380 gegründeten Sünfzen-Gesellschaft. Diese Gesellschaft war eine Vereinigung Lindauer Patrizier, also der nicht zunftpflichtigen Großkaufleute und Akademiker, die bis

1830 bestand. Der Fachwerkbau **Nr. 4** ist mit 1597 bezeichnet. Die **Engelapotheke** stammt im Kern aus dem 15. Jahrhundert und ist ein dreigeschossiges Satteldachhaus mit polygonalem Erker von 1894.

Bei der Apotheke geht das **Zitronengässle,** ein malerisches Stück Lindau, ab. Das Fachwerkhaus **Nr. 6** wurde 1586 erbaut und besitzt einen kleinen Erker. Haus **Nr. 15** stammt aus der Spätgotik (15./16. Jahrhundert), sein Erker entstand im 15. Jahrhundert. Das Haus zur Hoffnung, **Nr. 24,** ist ein dreigeschossiges Gebäude mit Satteldach und Laubengang. Es stammt im Kern aus dem 14. Jahrhundert und wurde im 18. und 19. Jahrhundert verändert. Das **Haus Zur Brodlaube** (14. Jh.), **Nr. 26,** das ehemalige Zunfthaus der Bäcker, besitzt im Erdgeschoss einen Laubengang mit Balkendecke. Das dazugehörige Nachbarhaus **Maximilianstraße 28** ist ein viergeschossiges Gebäude mit Satteldach und Laubengang (1390). Zusammen mit dem Gebäude **Schafgasse 2** ist die Hausgruppe ein malerischer Komplex, der schon viele Künstler inspiriert hat; auch Adolph von Menzel skizzierte ihn im Jahr 1895.

Von der Maximilianstraße führen nach links und rechts ebenfalls sehenswerte Gässchen weg, in die man hineinspazieren sollte. Gebäude **Bürstergasse 3** stammt von 1606, der Erker wurde 1623 dazugebaut. Das viergeschossige Gebäude **Salzgasse 3** ist mit 1588

Marktstand vor dem Haus zum Cavazzen

bezeichnet. Schafgasse Nr. 2 ist das **Haus Zum Pflug** (Ende 14. Jh.). Es besitzt einen Laubengang und einen Fachwerkerker. Seinen Namen erhielt es wegen seines einseitigen Staffelgiebels. Nr. 3, das **Gasthaus Goldenes Lamm,** besteht im Kern aus sieben Häusern aus dem 15. Jahrhundert. Nr. 4, **Gasthaus Zum Engel** (14. Jh.), besitzt einen Fachwerkerker. An Haus Nr. 10, **Hotel Peterhof,** sieht man am Eingang einen hierher versetzten romanischen Torbogen. **Bindergasse 10** ist ein schlossförmiges Gebäude. Es stammt im Kern aus dem 15. Jahrhundert und wurde im 17. Jahrhundert erneuert.

Etwa in der Mitte der Maximilianstraße sehen wir am Bismarck-

Im Lindauer Hafen

einem Verkünd-Erker (1578). Von hier aus wurden bis ins 19. Jahrhundert Ankündigungen, Gesetze und Verordnungen verkündet. Unter dem Erker befanden sich früher die Arrestzellen; für die Inhaftierten wurde der Spruch »Lasset ab vom Bösen und lernet Gutes tun« angebracht. Außen sind prächtige Fresken zu sehen. Am Erker erblickt man die »Zehn Gebote«, ansonsten auf der Südseite Motive zum Reichstag 1496/97, so zum Beispiel die Ankunft Philipps des Schönen von Burgund in Bregenz und seinen Einzug in Lindau zum Reichstag, der im großen Ratssaal beriet. Auf der Nordseite befindet sich die Darstellung eines Stadtfests, das anlässlich des Reichstags stattfand. Von Süden her hat man Zugang zu der großen Markthalle aus der Spätgotik. Sie ist mit steinernen Stützpfeilern (datiert 1484) und einer Balkendecke versehen.

Südlich des Alten Rathauses liegt der Reichsplatz mit dem **Lindavia-Brunnen.** Sein Motiv ist die Personifizierung der Stadt mit Mauerkrone, Lindenzweig und Schiffsruder; dargestellt werden Schifffahrt und Fischerei sowie Garten- und Weinbau. Die Einweihung fand aus Anlass des zwanzigsten Geburtstags des Märchenkönigs Ludwig II. statt.

In der hier nach links und rechts verlaufenden **Ludwigstraße** sieht man vornehme erkergeschmückte Bauten vom 15. bis ins frühe 17. Jahrhundert. Man sollte dem Verlauf der Straße nach beiden

platz das Neue und das Alte Rathaus. Das barocke **Neue Rathaus** ist ein dreigeschossiges Haus mit hohem, elegantem Volutengiebel. Es entstand 1706 bis 1717, und 1885 wurde es von Friedrich von Thiersch umgebaut. Das prächtige **Alte Rathaus** wurde in den Jahren 1422 bis 1436 in der endenden Gotik erbaut. Etwa Mitte des 16. Jahrhunderts hat man es im Stil der Renaissance modernisiert. Der Volutengiebel stammt von Friedrich von Thiersch, der 1885 bis 1887 umfangreiche Restaurierungsarbeiten vornahm. Eine überdachte Treppe führt auf der Vorderseite zu

Seiten folgen, dann aber wieder entlang des Rathauses zurück zur Maximilianstraße gehen. Das **Institut der Englischen Fräulein,** Ludwigstraße 3, wurde nach 1525 errichtet und 1720 teilweise erneuert. Vom 16. Oktober bis zum 4. November 1799 wohnte hier der Feldmarschall Graf Suworow, Generalissimus des russischen Heeres, auf seinem Rückzug aus der Schweiz. Die rund 44 000 Russen mit ihren rund halb so vielen Pferden mussten fast drei Wochen von der Stadt verpflegt werden und sollen fürchterlich gehaust haben. 1857 bis 1991 beherbergte das Gebäude die »Private Höhere Töchterschule«.

Das ehemalige **Gasthaus Zur Krone,** Nr. 5, wurde im 16. Jahrhundert auf älteren Fundamenten erbaut. Hier nächtigten schon fürstliche Gäste. Bekannt ist der Aufenthalt des Kaisers Maximilian I. (1496), des Erzherzogs und späteren Kaisers Matthias (1596), von Wilhelm Friedrich von Gloucester (1786), Bruder des englischen Königs, von Kaiser Alexander von Russland (1815), Prinz Otto von Bayern (1829), dem späteren griechischen König, des späteren Kaisers Napoleon III. (1830) und des Kaisers Franz Joseph (1909). Auf der Flucht vor der 1848er-Revolution wohnten hier Richard Wagner und Lola Montez. Wagner soll hier Schwyzerdeutsch gelernt haben, um im Nachbarland nicht aufzufallen, und der Montez wird die Verführung eines Studenten nachgesagt. Der prächtige Barockbau wurde Mitte des 17. Jahrhunderts neu erbaut. Das **Haus Zum Schiff,** Nr. 7, später Ratskeller, stammt im Kern aus dem 14. Jahrhundert und wurde 1580/81 erneuert. Haus **Nr. 8** besitzt schönes Beschlagwerk am Portal (um 1620/30). Am Schlussstein sieht man ein Bäckerwappen. Die **Kanzlei** (Mauthaus), Nr. 9 (15. Jh.), wurde 1616 von Esaias Gruber d. J. erweitert. Hier saß 1588 bis 1717 die städtische Kanzlei mit dem Stadtarchiv. An die einstige Funktion erinnert auch das dahinter abgehende Mautgässle. Das fünfgeschossige **Turmhaus,** Nr. 11, stammt aus dem 14. Jahrhundert. Zum Reichsplatz hin zeigt es Buckelquader. Der ehemalige **Gasthof Zur Goldenen Gans** (14./15. Jh.), Nr. 13, besitzt im dritten Stock gotisches Blendmaßwerk. Das von 1420 stammende **Haus Horber,** Nr. 14, wurde um 1600 ausgebaut. Es besitzt einen Arkadenhof und einen runden Treppenturm; der Erker mit den Holzverzierungen wurde im 17. Jahrhundert errichtet. Das **Haus Zum Commissari** (14. Jh.), Nr. 19, wurde Anfang des 17. Jahrhunderts aufgestockt. Es ist ein breiter Renaissancebau mit schönem Architekturschmuck. Im ersten Obergeschoss besitzt es einen Erker mit Zwiebelhaube.

Nun spazieren wir zurück zur Maximilianstraße und hier nach links. Am westlichen Ende der Maximilianstraße halten wir uns rechts in die Zeppelinstraße. Gleich darauf biegen wir aber nach rechts in den Oberen Schrannenplatz ein. Der gotische **Diebs- oder Malefizturm** (Ende 14. Jh.) ist eines der Lindauer Wahrzeichen und besitzt ein Dach aus bunt glasierten Ziegeln. Der polygonale Dachhelm ist mit vier zierlichen Erkern versehen. Er war der westlichste Punkt der Stadtbefestigung, bevor die hintere Insel befestigt wurde, und diente auch als Gefängnis. Hier am Unteren Schrannenplatz finden wir schmucke Häuser aus dem 16. bis 18. Jahrhundert. Die Idylle dieses Platzes veranlasste auch den Malerpoeten Carl Spitzweg, von den Gebäuden **Unterer Schrannenplatz 5 bis 11** ein Bild zu malen. Das hohe, gotische Haus Nr. 6, **Zur Glocke** (16. Jh.), war einst das Wohnhaus der aus Nürnberg nach Lindau gezogenen Glockengießerfamilie Ernst. Sie lieferte Glocken bis nach Graubünden. Haus Nr. 10, das **Alte Zeughaus** (Anfang 16. Jh.), diente später als Theater und Kaserne.

Nördlich davon steht die **Peterskirche.** Die um 1000 im ältesten Fischerviertel der Stadt gegründete Kirche Sankt Peter ist die älteste noch erhaltene Lindauer Kirche und wurde schon als eines der ältesten Bauwerke am gesamten Bodensee bezeichnet. Der Turm entstand 1425. Bald nach der Reformation wurde die Kirche profaniert, seit 1928 ist sie Kriegergedächtnisstätte. Sie besitzt ein einfaches Inneres, eine halbrunde Apsis und eine schlichte Balkendecke; die Fenster stammen zumeist aus der Romanik. Das bedeutendste Kunstwerk der Kirche ist der von Hans Holbein d. Ä. zwischen 1470 und 1490 gemalte zwölfteilige Passionszyklus (»Lindauer Passion«); das Werk ist an der Nordwand zu sehen. Das zum Diebsturm hin westlich an die Peterskirche angebaute **Haus Nr. 3** ist die Glockengießhütte.

Von der Kirche aus gehen wir nach rechts zum Paradiesplatz. Er hat seinen Namen vielleicht von einem ehemaligen Klarissenkloster. Gleich links sollten wir das Eckhaus beachten. In dem mit 1586 datierten Wohnhaus **Nr. 16** lebte die im 17. Jahrhundert bedeutende Familie Heider. Der bekannteste Spross der Familie war Dr. Daniel Heider, seit 1601 Ratssyndicus der Reichsstadt. Er starb im Dreißigjährigen Krieg (1618–1648) während der Belagerung durch die Schweden im Jahr 1647.

Nun spazieren wir nach Norden zur Zwanzigerstraße, halten uns links, überqueren auf der Thierschbrücke die Eisenbahnlinie und kommen dahinter zurück zum Parkplatz.

Ludwigshafen

■ **Auskunft:**
Tourismusinformation, 78351 Ludwigshafen, Hafenstraße 5, Telefon (0 77 73) 93 00 40, Fax (0 77 73) 93 00 43, www.bodman-ludwigshafen.de, E-Mail: tourist-info@bodman-ludwigshafen.de

■ **Stadtbesichtigung:**

Der Turm der katholischen **Pfarrkirche Sankt Othmar** stammt von etwa 1500, der Rest wurde 1962 erbaut. Altar und Kanzel sind vermutlich von Georg Anton Machein (1725). Sehenswert ist außerdem eine Maria mit Kind von 1480, die Nikolaus Weckmann zugeschrieben wird.

Die **Friedhofskapelle Sankt Anna** wurde 1744/64 erbaut. Sie ist reich mit Stuckarbeiten und Skulpturen aus dem 18. Jahrhundert geschmückt.

Das heutige **Rathaus** war einst das Großherzoglich Badische Hauptzollamtsgebäude. Ursprünglich war das klassizistische Bauwerk einstöckig; 1837 wurde es um ein Geschoss erhöht. Von der Vergangenheit als Transitplatz für Waren und als Zollgrenze zur Schweiz und zu Österreich zeugt ein **Kran** aus dem frühen 19. Jahrhundert. In der Nähe steht die Skulptur **Hermes** des einheimischen Künstlers Reinhard Siecke. Das Stadtmuseum befindet sich im Rathaus-Center am Rathausplatz.

Das ehemalige Hauptzollamtsgebäude in Ludwigshafen dient heute als Rathaus.

Markdorf

■ **Auskunft:**

Tourist-Information, Rathaus, Rathausplatz 1, 88677 Markdorf, Telefon (0 75 44) 5 00-2 90, Fax (0 75 44) 5 00-2 89, www.markdorf.de, E-Mail: info@gehrenberg-bodensee.de

■ **Stadtbesichtigung:**

Die katholische **Pfarrkirche Sankt Nikolaus** stammt in ihren Ursprüngen aus der Gotik (etwa 1370) und besitzt einen 68 Meter hohen, landschaftsprägenden Turm (vor 1300). Aus dem 15. Jahrhundert haben sich Fresken erhalten. Sehenswert sind die Stuckarbeiten, der geschnitzte Hochaltar (1871), der Taufstein (um 1600), eine Pietà (17. Jh.), verschiedene Sandsteinskulpturen, Heiligenfiguren und die barocke Schutzmantelkapelle von 1660. Außen sieht man zahlreiche Epitaphien. Bis 1803 bestand hier ein Chorherrenstift, dem bis zu zwölf Priester angehörten.

Das **Heilig-Geist-Spital** östlich vor den Mauern der Innenstadt geht auf das Mittelalter zurück (erste Erwähnung 15. Jh.) und besitzt Fresken aus dem 15. Jahrhundert. 1771 wurde es barockisiert. Die **Mauritiuskapelle** entstand in der Zeit um 1360; der heutige Bau stammt aus dem 15. Jahrhundert. Einst war

Prächtiger Park in Markdorf

die Kapelle eine Pilgerstation am Jakobsweg. An sie schließt sich ein Park mit Weiher an. Die **Spitalkirche Sankt Peter und Paul** besitzt eine vollständig erhaltene Barockausstattung (1689–1700).

Teile der **Ummauerung** und einige **Türme** sind noch zu sehen. Der **Untertorturm** mit seinem romanischen Torbogen, den Sandsteinkapitellen und dem gotischen Staffelgiebel ist das älteste Gebäude Markdorfs und war einst das Haupteingangstor. Im Tordurchgang befinden sich Wappen der verschiedenen Ortsherren. Am Vorbau sieht man eine Fratze und die Jahreszahl 1534; er wurde im Anschluss an den Bauernkrieg 1525 angebaut. Weiter sind noch das fachwerkgeschmückte Obertor (1534) und der Hexenturm erhalten. Das **Obertor** besitzt einen gedeckten Laubengang und einen alten Torbogen. Stadteinwärts steht der **Scheublintisch,** der an die gleichnamige Fastnachtszeche und

»Bruderschaft zum Scheublintisch« erinnert, die von 1488 bis zum Ende des 18. Jahrhunderts bestand. Stadtauswärts steht die Sandsteinskulptur des **Stadtsoldaten** (16./17. Jh.). Der um 1250 mit einem gotischen Staffelgiebel versehene **Hexenturm** diente früher mit zwei Stockwerken als Bürgergefängnis. Die oberen Stockwerke werden heute als Handwerksmuseum genutzt.

Das mächtige **Alte Schloss** wurde nach 1510 vom Konstanzer Bischof Hugo von Hohenlandenberg als Bischofsschloss wieder aufgebaut. Es war der Sommersitz der Fürstbischöfe von Konstanz und der Amtssitz der fürstbischöflichen Obervögte. Bischof Johann Franz Schenk von Stauffenberg (1704–1740) ließ anstelle der alten Stadtmauer den spätbarocken **Langhausbau** errichten. Er diente zuerst dem Obervogt als Amtssitz. Die **Schlossscheuer** wurde 1737 erbaut.

Von den einst mehr als achtzehn **Klosterhöfen** in der Stadt sind noch fünf erhalten (Spitalstraße 3, 10, 13, Talstraße 12 und 9). Die **Alte Kaplanei** wurde 1471 von der Schutzmantelbruderschaft gestiftet. Auflage war, dass wöchentlich mehrere Messen gelesen wurden. Das lang gestreckte Gebäude der **Mittleren Kaplanei** umfasste drei 1480 gestiftete Kaplaneien. Die evangelische **Kirche** wurde 1896/97 auf dem südöstlichen Eckpfeiler der alten Stadtmauer im Stil der Neugotik erbaut.

Der **Latschebrunnen** am Latscheplatz ist mit lebensgroßen Bronzefiguren geschmückt. Die **»Auen«** nordöstlich des Zentrums waren einst das Wohn- und Arbeitsviertel der Winzer. Kleine Gässchen mit alten Häusern und einem Backhäuschen zaubern hier eine heimelige Atmosphäre.

Auf dem nahe gelegenen Gehrenberg steht der 1903 aus Eisen erbaute, dreißig Meter hohe **Aussichtsturm,** einst Großherzog-Friedrich-Warte genannt.

Meersburg

■ **Auskunft:**

Gästeinformation, Kirchstraße 4, 88709 Meersburg, Telefon (0 75 32) 4 40-4 00, Fax (0 75 32) 4 40-40 40, www.meersburg.de, E-Mail: info@meersburg.de

■ **Stadtbesichtigung:**

Wer die Stadt besichtigen möchte, kann beispielsweise bei der Anlegestelle der Fähre parken. Dann spazieren wir durch die Unterstadtstraße oder auf der Seepromenade zum Hafen. Hier steht das rote **Grethaus** (1505), in dem früher Obst und Gemüse gehandelt wurden.

Auf der Treppe steigen wir nach links hinauf zum Staatlichen Weingut, wobei wir einen herrlichen Blick hinab in die Unterstadt und auf den Bodensee haben. Oben folgen wir der Seminarstraße, dann halten wir

uns links zum Obertor. Durch dieses gehen wir hinab ins Zentrum, wo wir unzählige sehenswerte Häuser, das Alte Schloss und am Schlossplatz das Neue Schloss finden. Nach einem Bummel durch die alten Gassen und vielleicht einem Besuch der Schlösser gehen wir wieder hinab in die Unterstadt und nach rechts zurück zum Ausgangspunkt.

Das **Alte Schloss,** das heute das Schlossmuseum beherbergt, ist die älteste bewohnte Burg Deutschlands. Der erste Bau stammte aus dem 7. Jahrhundert. Das Schloss befand sich im frühen 13. Jahrhundert im Besitz der Konstanzer Bischöfe und wurde nach 1526, als Konstanz evangelisch geworden war, ihre Residenz. Erst Fürstbischof Franz Konrad von Rodt siedelte in das Neue Schloss über. Die heutige Anlage wurde ab dem 14. Jahrhundert erbaut. Nach der Säkularisation 1803 kam sie an das spätere Großherzogtum Baden, 1838 wurde sie von Joseph Freiherr von Laßberg um zehntausend Gulden erworben. Bekannt geworden ist das Schloss auch als Wohnsitz der Dichterin Annette von Droste-Hülshoff, von der eine große, 1898 von Emil Stadelhofer geschaffene Büste vor dem Eingang steht. Sie wohnte ab 1841 immer wieder für längere Zeit hier bei ihrer Schwester Maria Anna, die Jenny genannt wurde. Im Jahr 1848 verstarb die Dichterin im Meersburger Schloss.

Kern der Anlage ist der staufische Bergfried (Dagobertsturm).

An der Ummauerung befinden sich vier runde Ecktürme. Die aus dem 18. Jahrhundert stammende **Schlossmühle,** Steigstraße 17, steht unterhalb im Zwinger. Das Mühlrad besitzt einen Durchmesser von fast acht Metern. Direkt unterhalb des Schlosses steht die 1390 gestiftete **Unterstadtkapelle.** Sie ist mit Fresken aus dem 16. Jahrhundert geschmückt und besitzt prachtvolle Altäre und Skulpturen aus verschiedenen Perioden.

Das ab 1710 erbaute **Neue Schloss,** einst rund fünfzig Jahre fürstbischöfliche Residenz, dient heute als Museum und Tagungsstätte. Es wurde unter den Bischöfen Johann Franz Schenk von Stauffenberg, Damian Hugo von Schönborn und Kardinal Franz Konrad von Rodt erbaut. Am Bau der Barockanlage waren Balthasar Neumann und Franz Anton Bagnato beteiligt. Im Zuge der Säkularisation 1803 gelangte es an das spätere Großherzogtum Baden. Vom Alten Schloss aus kommt man durch ein prächtiges schmiedeeisernes Gartentor in den kleinen **Schlossgarten,** der 1593 erstmals erwähnt und 1712 neu angelegt wurde. Von hier aus genießt man einen wunderbaren Blick auf das Alte Schloss, die Unterstadt und den See.

Auch die **Wirtschaftsgebäude** um das Schloss, der auf dem Terrain des Hofgartens angelegte **Reit- und Stallhof,** gehen auf Bagnato zurück (ab 1760). Sehenswert ist vor allem das Treppenhaus mit dem riesigen

Deckenfresko. Die **Schlosskirche** wurde 1741/43 nach einer Idee von Balthasar Neumann erbaut und von Joseph Anton Feuchtmayer und Gottfried Bernhard Goetz (auch: Götz oder Göz) mit prunkvollen Stuckaturen und Malereien ausgestattet. Der um 1712 erbaute Pavillon war Teil der um 1740 abgebrochenen Orangerie. Rund 20 Jahre später wurde er im Stil des Rokoko prächtig ausgeschmückt und besitzt ein bemerkenswertes Deckengemälde.

Das **Fürstenhäusle,** Stettener Straße 13, liegt oberhalb der Durchgangsstraße außerhalb des historischen Zentrums. Es wurde im 17. Jahrhundert als zweigeschossiges Weinberghaus von Fürstbischof J. Fugger erbaut. 1843 erwarb es die Dichterin Droste-Hülshoff. Von hier aus beobachtete sie mit dem Fernglas die Stadt. Heute befindet sich hier das Droste-Hülshoff-Museum.

Die evangelische **Pfarrkirche** war früher die Schlosskapelle. Sie ist mit Stuckmarmor, Fresken und Figuren reich geschmückt. 1725 wurde mit dem Bau des ehemaligen **Priesterseminars** begonnen; am Bau der **Seminarkirche** war auch Bagnato beteiligt. Die Kirche besitzt eine herrliche Rokokoausstattung mit Deckenfresken und Apostelbildern.

Die katholische **Pfarrkirche Mariä Heimsuchung** wurde im 19. Jahrhundert erbaut, besitzt aber ältere Ausstattungsstücke, darunter ein prächtiges Sandsteinepitaph. Ihr Glockenturm war im Mittelalter als Wehrturm in die Stadtummauerung integriert.

Von der ehemaligen **Ummauerung** sind noch Reste vorhanden, teilweise wurden sie überbaut. Sehenswert sind beispielsweise der Torturm des **Obertores,** das **Unterstadttor** mit dem **Haus Wilder**

Blick vom Schlossgarten auf die Unterstadt und den See

Mann und das **Vordere Seetor.** Das **Unterstadttor** ist das älteste erhaltene Tor der Stadt und stammt wohl aus der Mitte des 13. Jahrhunderts. Um 1300 entstand das **Obertor.** Bereits 1477 wurde erwähnt, dass am Obertor eine städtische Uhr die Zeit anzeigte.

Das **Staffelgiebel-Rathaus** wurde ab Mitte des 16. Jahrhunderts errichtet; im 18. Jahrhundert fanden Barockisierungs-Maßnahmen statt. Daneben steht das **Falbentor.** Die **Hauptwache,** Schlossplatz 4, wurde ursprünglich 1763 von Franz Anton Bagnato erbaut. 1828 erwarb die Stadt das Gebäude und ließ es zwei Jahre später durch den klassizistischen Neubau ersetzen. Der Portikus stammt von 1841. Das **Rodt'sche Palais** ließ Fürstbischof Marquard Rudolf von Rodt um 1700 als Stadtpalais erbauen. 1604 wurde die **Hofapotheke** in dieses Gebäude, das ehemalige Seelhaus

(für arme Stadtbewohner), verlegt. Das **Hofkanzlerhaus** wurde um 1625 von Bürgermeister Matthias Rassler (1589–1646) erbaut. Über der Tür befindet sich außer seinem Wappen auch das seiner Frau. Im 18. Jahrhundert diente dieses Haus zeitweise als Sitz der fürstbischöflichen Hofkanzlei.

Östlich des Neuen Schlosses wurde um 1720 das Viertel **Sentenhart** für die fürstbischöflichen Beamten und das Personal errichtet. Man findet in der Oberstadt zahlreiche **sehenswerte Wohn- und Wirtshäuser,** so dass man sich einfach ziellos durch die Gassen treiben lassen sollte. Beachten sollte man insbesondere die **Gasthäuser** beziehungsweise **Hotels** Zum Löwen, Zum Bären und Zum Wilden Mann. Das **Hotel Zum Bären** ist der älteste Gasthof der Stadt und wurde 1456 erstmals genannt und 1605 erweitert. Im 17. und 18. Jahrhundert beherbergte das Gebäude vorübergehend die Thurn und Taxis'sche Poststation. Der Gasthof ist auch das Versammlungslokal der auf das späte Mittelalter zurückgehenden Bürgervereinigung »Gesellschaft der 101 Bürger«, die sich um Traditionspflege sowie soziale und kulturhistorische Belange kümmert. Besonders idyllisch präsentiert sich der Bereich um den Marktplatz und die Steigstraße.

Radolfzell

■ **Auskunft:**

Tourist-Information, Bahnhofplatz 2, 78315 Radolfzell, Telefon (0 77 32) 81-5 00, Fax (0 77 32) 81-5 10, www.radolfzell.de, E-Mail: touristinfo@radolfzell.de

■ **Stadtbesichtigung:**

Das **Münster Unserer Lieben Frau,** die katholische Pfarrkirche, geht auf das 9. Jahrhundert zurück. Von 1436 bis etwa 1520 wurde der heute bekannte Bau errichtet. Innen ist das Münster reich mit Altären ausgestattet. Sehenswert sind auch die Hausherrenkapelle, die Deckengemälde, das Chorgestühl (um 1330), das perspektivische Gitter am Eingang (1699), das Hochgrab (1538), die Ölbergfiguren (um 1530), die Kreuzigungsgruppe (um 1700) und verschiedene Grabmäler von Bürgern und Rittern.

1344 wurde das **Heilig-Geist-Spital** mit **Kapelle,** Seestraße 46,

erstmals erwähnt, das heute als Altenheim dient. Die gotische Kapelle stammt aus dem 16. Jahrhundert. Altar und Kreuzwegstation sind von etwa 1720/30, das Sandsteinrelief von 1615.

Das **Pfarrhaus,** Marktplatz 7, wurde 1740/41 von Johann Caspar Bagnato erbaut. An der Südseite des Kirchhofes sieht man verschiedene **Häuser der Chorherren,** die zum Teil auf das Mittelalter zurückgehen. Das ehemalige **alte Amtshaus der Dompropstei Konstanz,** Kaufhausstraße 1, ist ein mächtiger Fachwerkbau und das älteste Fachwerkhaus der Stadt. Das frühere **neue Amtshaus der Dompropstei Konstanz,** Seestraße 27, stammt aus dem Barock. 1619 erbaut wurde das **Amtshaus der Abteien Peterhausen und Stein am Rhein (Alte Forstei),** Seestraße 67. Die ehemalige **Ummauerung** der Stadt blieb dort erhalten, wo sie als Teil von Hauswänden mitverwendet wurde. An der Südseite des Stadtgartens steht der **Pulverturm,** an der Nordseite der **Höllturm.** In der Schützenstraße im Zentrum findet man den **Schützenturm.**

Das **Hotel Krone** mit seinem Mansarddach wurde aus zwei Häusern zusammengebaut. Der Zwerchgiebel besitzt geschnitzte Voluten; besonders schön ist der Barockgiebel auf der Ostseite. Auf das Jahr 1537 geht das ehemalige **Gasthaus Goldener Engel** zurück. Das **Eglofsche Haus,** das 1608 im Barockstil errichtet wurde, war zuerst Sitz des

Geschlechts Eglof von Zell, später Korn- und Haberhaus und im 17. Jahrhundert Münzschmiede.

Das erste **Rathaus** entstand 1421 als Rat- und Kornhaus. Es wurde 1847/48 anstelle des Vorgängergebäudes im Stil der Neorenaissance errichtet und besitzt einen bemerkenswerten Ratssaal mit Wandgemälden.

Die **Burg,** Hinter der Burg 3, ist ein mächtiges Steinhaus, das aber klassizistisch umgebaut wurde. Das **Österreichische Schlösschen,** Marktplatz 8, wurde 1618 bis 1621 im Renaissancestil von Erzherzog Leopold erbaut. 1735 wurde es kurzzeitig zum Rathaus ausgebaut. Es besitzt ein wappengeschmücktes Renaissanceportal und ein Kreuzgratgewölbe im Erdgeschoss. Das ehemalige **Ritterschaftshaus,** Seetorstraße 5, geht auf die Zeit um 1500 zurück. Einst diente es als Versammlungsort der Hegauritterschaft.

Die **Untere Hölle,** Höllstraße 17, ist ein Staffelgiebelhaus aus dem 16. Jahrhundert. Das **Hohe Haus / Fürstenberger Torkel** gegenüber gilt als das vermutlich älteste Steinhaus der Stadt (13./14. Jh.). An der alten Fruchtschütte sieht man das Wappen der Fürstenberger. Das Staffelgiebelhaus diente 1602 bis 1803 den Fürstenbergern als Torkel und Amtshaus.

Das **Patrizierhaus,** Poststraße 5, geht auf das 16. Jahrhundert zurück. Es besitzt einen Renaissance-Erker und ein schönes

Prächtiges Renaissanceportal des Österreichischen Schlösschens

Portal. Die **Stadtapotheke,** Seetorstraße 3, wurde 1689 erbaut. Das Gebäude, heute Stadtmuseum, besitzt einen schönen Erker.

Beim **Scheffelschlösschen,** Strandbadstraße 104, handelt es sich um ein altes Rebgutpächterhaus. Für den Dichter Joseph Victor von Scheffel wurde es 1878/79 zu einer Turmvilla umgestaltet, die an die Architektur von Burgen erinnert. Heute ist hier die Kurverwaltung untergebracht. Der **Griene Winkel** war im 18. Jahrhundert Wohnort der Fischer und Bauern. Seinen Namen hat er wahrscheinlich von dem Kies und Geröll des Seeufers, das einst bis hierher reichte. Man erreicht den Grienen Winkel durch den Südausgang des Stadtgartens. Der **Stadtgarten** wurde 1923/24 im ehemaligen Stadtgraben angelegt.

Ravensburg

■ **Auskunft:**

Tourist Information, Kirchstraße 16, 88212 Ravensburg, Telefon (07 51) 82-8 00, Fax (07 51) 82-4 66, www.ravensburg.de, E-Mail: tourist-info@ravensburg.de

■ **Stadtbesichtigung:**

Zur Stadtbesichtigung starten wir beim Rathaus. Die **Ummauerung** wurde ursprünglich im 12. Jahrhundert errichtet. Fast alle Tore und Türme blieben bis heute erhalten, so das Frauentor, der Gemalte Turm, der Grüne Turm, der Mehlsack, das Obertor, der Schellenberger Turm, der Spitalturm, das Untertor und der Wehrturm am Gänsbühl. Das seit 1876 neugotische **Rathaus** wurde ursprünglich gegen Ende des 14. Jahrhunderts erbaut. Vom Gerichtserker an seiner Nordseite aus wurden einst Gerichtsurteile verkündet. Früher befanden sich im Erdgeschoss Arkaden zur Straße hin, unter denen das kaiserliche Landgericht und das Stadtgericht tagten. Außerdem befand sich ab dem 17. Jahrhundert hier auch ein Bierausschank.

Dass der nach einem Einsturz 1552 in den Jahren 1553 bis 1556 im Renaissancestil neu erbaute 51 Meter hohe **Blaserturm** zum Rathaus hin so merkwürdig platziert wirkt, dürfte von der ehemaligen Ummauerung herrühren; hier verlief vor der Stadterweiterung die Stadt-

mauer. Neben dem Mehlsack ist der Blaserturm eines der Wahrzeichen der Stadt. Über dem Eingangsportal an der Westseite sieht man ein reichsstädtisches Wappen und eine Tafel mit einem Gedicht über den Einsturz des Turms. Das früher auch Kaufhaus genannte **Waaghaus** (1498) mit dem hohem Staffelgiebel ist an den Blaserturm angebaut. Im ersten Stock tätigten einst fremde Händler ihre Geschäfte. Ab dem 17. Jahrhundert bis 1802 befand sich hier der Schwörsaal der Bürger, in dem die gewählten Amtsträger ihren Diensteid ablegten und die Bürgerschaft der Obrigkeit Gehorsam schwor.

Nun gehen wir über den Marienplatz. Er teilt die Altstadt in einen älteren Teil im Osten und einen neueren im Westen. Das **Lederhaus** gegenüber von Waag- und Rathaus wurde 1513/14 errichtet und 1574/75 im Renaissancestil mit Grisaillemalereien und Giebelverzierungen verschönert. Es diente den mit Leder arbeitenden Handwerkern wie Schustern, Sattlern, Gerbern, Kürschnern und Gürtlern als Markthaus. Dahinter in der Bachstraße steht das **Seelhaus.** Es wurde 1408 von Frick Holbain zur Aufnahme von Kranken und Pilgern gestiftet.

Wir gehen nun die Bachstraße hinab bis zum 36 Meter hohen **Untertor.** Es wurde 1363 als Teil der Stadtbefestigung errichtet und besitzt einen Staffelgiebel (14. Jh.). Bei der Stadterweiterung um 1350 hat man es bis zum dritten Geschoss aufgebaut, die restlichen Stockwerke stammen von 1525. Seine Pechnase diente in früherer Zeit zur Abwehr von Feinden. Auf der Südseite sieht man das Törlein, das auf den hölzernen Wehrgang führte.

Südlich davon steht das 1287 erstmals erwähnte **Heilig-Geist-Spital,** in dem heute ein Krankenhaus untergebracht ist. Im Untergeschoss befindet sich die **Spitalkapelle.** Sie wurde 1498 geweiht und besitzt eine seltene Gewölbekonstruktion mit einer Mittelsäule. In der Kapelle befinden sich eine spätgotische Madonnenskulptur und ein Wandgemälde (um 1520). Nun geht man in der Olgastraße nach links, vorbei an den Resten der **Stadtmauer,** bis zum 1350 erbauten **Spitalturm.** Der 44 Meter hohe Turm endete oben einst in vier Staffelgiebeln, die 1725 von einem spitzen Zeltdach ersetzt wurden.

Nun geht man nach links durch den Hirschgraben. Nach der Weinbergstraße steht ein halbrunder **Wehrturm** (wohl 16. Jh.). Wir stoßen wieder auf den Marienplatz. Hier am oberen Ende befand sich einst das **Kästlinstor,** dessen Steine man 1842 bis 1844 zum Umbau der evangelischen **Stadtkirche** verwendete. Sie wurde ursprünglich für die Karmeliter erbaut und 1349 geweiht. Das heutige Gebäude, eine flach gedeckte gotische Pfeilerbasilika, weist mit ihren einfachen Formen und den Holzbalken die

Blick über den Mehlsack zur Altstadt

Merkmale einer Bettelordenskirche auf. Nach der Reformation hat man das Innere in zwei Teile gegliedert: Der abgemauerte Chor blieb bis 1806 den Mönchen vorbehalten, das Langhaus durften ab 1549 die Protestanten nutzen. Ab 1806 wurde die gesamte Kirche der evangelischen Gemeinde in Ravensburg überlassen.

Die **Sankt-Anna-Kapelle** (1508) besitzt ein reiches Sternrippengewölbe, schöne Gewölbekonsolen und Schlusssteine, in der Mötteli-Kapelle (1448) sieht man ein einfaches Kreuzrippengewölbe. An die Nordseite des Chors ist die über eine kleine Treppe erreichbare, 1452 gestiftete Kapelle der Großen Ravensburger Handelsgesellschaft angebaut. Sie ist mit vier Glasfenstern aus der Spätgotik (um 1445) und prachtvollen Grabdenkmälern von Patriziern vom 15. bis zum 18. Jahrhundert geschmückt. Der Grabstein des 1429 verstorbenen Henggi Humpis gilt als das älteste Epitaph eines Kaufmanns in

Deutschland. Im Osten der Kirche sieht man teilweise erhaltene Wandfresken (14./15. Jh.).

In den ehemaligen **Klostergebäuden** der Karmeliter von 1344 sitzt heute das Landgericht. Wenn wir noch etwas stadteinwärts gehen, kommen wir zum **Kornhaus.** Es wurde 1375 erwähnt, 1451/52 neu errichtet und erhielt 1618 seine heutige Gestalt. Bis etwa 1900 war es einer der wichtigsten Getreidehandelsplätze in Oberschwaben. Auf der Nord- und Südseite befinden sich spätgotische Rundbogenfriese.

Vor dem Kornhaus gehen wir nach rechts durch die Burgstraße hoch bis zu ihrem Linksknick, wo wir auf Stufen nach rechts zum **Mehlsack** hochsteigen. Der 51 Meter hohe Turm mit der Zinnenkrone ist ein weiteres Wahrzeichen Ravensburgs. Er wurde etwa 1425 bis 1429 erbaut und sollte den Bürgern zur Überwachung der Veitsburg dienen. Die Veitsburg war von 1274 bis 1647 Sitz des Reichslandvogts von Schwaben, der die Interessen des Königs, also des politischen Gegners der Freien Reichsstadt, sicherte. Der Turm kann von Mai bis September jeweils sonntags zwischen 10 und 14 Uhr bestiegen werden.

In dem sich entlang der Treppe zur Marktstraße hinabziehenden lang gestreckten Gebäude befand sich einst ein **Franziskanerinnenkloster,** das älteste Kloster der Stadt. Es wurde im 13. Jahrhundert erbaut, im 18. Jahrhundert umge-

baut und 1806 aufgehoben. Wir gehen etwas hinunter und dann nach rechts zum 42 Meter hohen **Obertor,** dem vermutlich ältesten Stadttor Ravensburgs. Es wurde im 15. Jahrhundert erneuert. Im Giebel befindet sich das »Arme-Sünder-Glöcklein«, das früher bei Hinrichtungen läutete.

Vom Obertor aus gehen wir durch die Marktstraße abwärts. Sie ist die älteste Straße Ravensburgs. Nach rechts können wir durch die Mohrengasse einen Abstecher zu Resten der **Stadtmauer** und zum **Runden Turm** (Wehrturm am Gänsbühl) aus dem 15. Jahrhundert machen. Er wurde als Zweidrittelrondell erbaut, um die Stadt vor den »moderneren« Angriffswaffen der Artillerie zu schützen. Deshalb besitzt er auch breite Schießscharten für Kanonen.

Nun gehen wir zurück zur Marktstraße und folgen ihr abwärts. Das **Romanische Haus,** Marktstraße 59, wurde 1446 über Resten eines romanischen Vorgängerbaus errichtet und im 18. Jahrhundert barockisiert.

Links befindet sich in der Marktstraße 26 das Museum Ravensburger, in der Burgstraße weiter unten das neue Kunstmuseum.

Rechts bildet Marktstraße 45 mit seinem Schmuckerker das Herzstück des als städtisches Museum genutzten Humpis-Quartiers. Wir folgen nun der Marktstraße bis kurz vor das Waaghaus. Im Haus Nr. 22 befindet sich das neue Wirtschaftsmuseum. Das **Haus Zum Storchen** (15. Jh.), Marktstraße 16, diente einst als Zunfthaus der Schuhmacher. Vor dem Waaghaus steht rechts das **Alte Theater** (Brotlaube). Das 1625 datierte Gebäude mit den hohen Durchgängen war ursprünglich die Brotlaube der Bäcker. In der hohen, zweischiffigen Halle im Erdgeschoss findet heute samstags ein Wochenmarkt statt. Das Haus wurde 1625 im Stil des Frühbarock als letztes Repräsentationsgebäude der Stadt errichtet. Auf der Südseite sieht man ein schönes Wappen der Reichsstadt mit der Jahreszahl des Baus, auf der Nordseite einen malerischen Treppenturm. Im Obergeschoss befand sich von 1698 bis 1881 ein im Renaissancestil gestalteter Theatersaal. Heute beherbergt das Haus die städtische Galerie.

Durch die Erdgeschosshalle gehen wir hindurch bis zum Gespinstmarkt und halten uns hier rechts. Nach der Straße Hochstatt spazieren wir durch die Rossbachstraße zur Humpisstraße, wo wir uns links in die Straße Gänsbühl halten. An der Ecke steht das **Humpishaus,** das aus der Mitte des 15. Jahrhunderts stammt und alemannisches Fachwerk besitzt. Durch die Straße Gänsbühl gehend gelangen wir zum Schellenberger Turm und zur Stadtmauer. Der aus dem 13. Jahrhundert stammende **Schellenberger Turm** wird seit 1867 auch Katzenlie-

selsturm genannt, weil um 1850 hier eine alte Frau mit zahlreichen Katzen gelebt haben soll.

Jetzt gehen wir nach links durch die Herrenstraße. **Haus Nr. 24** besitzt eine sehenswerte Rokokofassade. Nach rechts können wir durch die Vehrengasse einen kurzen Abstecher zur Wilhelmstraße machen. Das **Konzerthaus** in der Wilhelmstraße wurde 1896/97 auf Anregung des Fabrikanten Julius Spohn mittels einer Stiftung Ravensburger Bürger erbaut; Architekt war der Wiener Theaterarchitekt Ferdinand Fellner.

Zurück in der Herrenstraße gehen wir weiter bis zur querenden Kirchstraße. Rechts steht die katholische **Liebfrauenkirche.** Sie wurde in der Gotik 1360 bis 1480 errichtet und war eine ursprünglich dreischiffige Basilika mit einem hohen Turm. Im Langhaus stehen elf Arkaden auf achteckigen Pfeilern. Über dem Haupteingang am Westportal sieht man ein dreigliedriges Tympanon mit Szenen aus dem

Im Zentrum von Ravensburg

Marienleben (um 1380), innen eine reiche gotische Innenausstattung, darunter im rechten Seitenschiff eine Kopie der »Ravensburger Schutzmantelmadonna« (um 1470). Die bedeutenden Glasgemälde in den Chorfenstern sind mit 1419 datiert. Um 1478 soll das Bild mit der Kreuzigung und Papst Clemens entstanden sein, das der Werkstatt des Peter Hemmel von Andlau zugeschrieben wird.

Links von der Liebfrauenkirche sehen wir den **Weingartner Hof,** den stattlichsten Klosterhof der Stadt. Er wurde 1324 vom Kloster Weingarten gekauft und zum Absteigequartier und Amtshaus sowie zum Vorratsmagazin für Getreide und Wein ausgebaut. Nördlich der Liebfrauenkirche stehen das Frauentor, die Bauhütte und der Grüne Turm. Der 36 Meter hohe **Frauentorturm** wurde anstatt eines früheren Stadttores um 1350 errichtet und besitzt ein niedriges Zeltdach im Zinnenkranz. Die heutige Gestalt mit dem Staffelgiebel stammt aus dem 16. Jahrhundert. Auf der Nordseite befindet sich eine Kreuzigungsgruppe (1884). An das Frauentor ist die ehemalige **Bauhütte** angebaut. Bereits im Mittelalter befanden sich hier der städtische Bauhof, die Bauverwaltung und das Eichamt. In der Ecke sieht man den **Grünen Turm,** der wegen der Farbe seiner Dachziegel so genannt wird. Er war ein Eckturm der Stadtbefestigung und stammt aus dem frühen 15. Jahrhundert.

Das Fachwerkhaus gegenüber ist die **Untere Mang** von 1533 (1435 erstmals erwähnt). In diesem Haus mangte (glättete) und färbte man früher die Leinwand. Unter dem vorkragenden Dach wurden einst die feuchten Tücher aufgehängt. Nun kann man entweder nach links über den Marienplatz zurückgehen oder den Spaziergang etwas ausdehnen. Hierzu spazieren wir durch die Grüne-Turm-Straße nach Westen, vorbei an der ehemaligen städtischen Zehntscheuer bis zum **Bruderhaus.** Der 1378 errichtete alemannische Riegelbau besitzt ein oberschwäbisches Krüppelwalmdach. Das Bruderhaus wurde 1479 als städtisches Zeughaus erbaut. 1725/26 folgten Umbau und Erweiterung des Gebäudes zum Zucht- und Arbeitshaus. Es besitzt ein Glockentürmchen aus dem 19. Jahrhundert. Bis 1806 diente der Bau als eines der Gefängnisse des Schwäbischen Reichskreises.

Wir halten uns links in die Obere Breite Straße, dann rechts in die Charlottenstraße. Das **Vogthaus,** ein schmuckes Fachwerkhaus, wurde um 1460/80 erbaut. Der Schmalegger Vogt Peter Späth erwarb es 1486. Das Haus gehörte von 1514 bis ins 19. Jahrhundert als Stiftungsgut zur »Neideggschen Pfründe«. Außen sieht man alemannisches Fachwerk. Innen blieb die originale Raumaufteilung noch erhalten mit alten Holzbohlenwänden und gewölbten Holzdecken. Der fünfzig Meter hohe **Gemalte**

Turm (15. Jh.) ist ebenfalls ein Eckturm der Stadtbefestigung. Die einstige Bemalung mit Rautenmustern und Wappenschilden wurde 1985 erneuert.

Nun gehen wir zurück zur Unteren Breiten Straße und spazieren auf ihr nach Süden. Die in der Gotik aus Bruchstein errichtete, unverputzte katholische **Pfarrkirche Sankt Jodok** wurde vom Kloster Weißenau und der Stadt Ravensburg gemeinsam erbaut und 1385 dem Pestheiligen Sankt Jodokus geweiht. Sie war für die Gläubigen der im 14. Jahrhundert entstandenen Unterstadt bestimmt. Innen ist sie mit Spitzbogenarkaden auf achteckigen Pfeilern aus Sandstein ausgestattet. Das Sakramentshaus (1450), der Chor und das Chorgestühl stammen noch aus dem 15. Jahrhundert. Die Kirche besitzt sehenswerte, eventuell von Jakob Ruess geschaffene Holzplastiken (um 1480) und ein Kruzifix von 1470/80. Das Fresko des »Feiertagschristus« entstand etwa 1410. Aus der Schweiz stammt der Hochaltar von 1510/20. Das **Pfarrhaus** wurde um 1730 erbaut und besitzt eine schöne Barockfassade.

Südlich befindet sich die Eisenbahnstraße mit dem **Altshauser Hof.** Die Deutschordenskommende Altshausen besaß bereits 1404 in Ravensburg ein Haus an anderer Stelle, das als Absteigequartier für Gäste diente. Nach 1730 wurde das Gebäude vom Baumeister des Deutschen Ordens, Johann Caspar

Bagnato, im Barockstil umgebaut. Nach der Säkularisation befand sich das Haus von 1825 bis 1851 im Besitz des Thurn-und-Taxis'schen Postamtes. Es zählt zu den schönsten Barockgebäuden in Ravensburg.

Zurück zum Marienplatz gehen wir durch die Eisenbahnstraße.

■ **Sehenswertes außerhalb des Zentrums:**
Die **Veitsburg** wurde im 11. Jahrhundert wohl von Welf IV. erbaut. Möglicherweise erblickte hier 1130 Heinrich der Löwe das Licht der Welt. 1191 bis 1268 gehörte die Burg den Staufern und diente ab etwa 1220 als Sitz der königlichen Reichs- und der staufischen Hausgutverwaltung. Johann Caspar Bagnato baute 1751 den 1647 bei einem Brand zerstörten Bergfried zum »Schlössle« wieder auf. Von 1274 bis zum Brand 1647 saß hier der Landvogt von Schwaben als Vertreter des Königs. Bis ins 16. Jahrhundert hieß die Burg Ravensburg; der heutige Name kommt von der 1833 abgegangenen Burgkapelle Sankt Veit.

Reichenau

■ **Auskunft:**
Tourist-Information, Pirminstraße 145, 78479 Insel Reichenau, Telefon (0 75 34) 92 07-0, Fax (0 75 34) 92 07-77, www.reichenau.de, E-Mail: info@reichenau-tourismus.de

■ **Aus der Geschichte:**

Die Reichenau ist die größte der drei Bodenseeinseln und gilt als das »Gewächshaus des Bodensees«. Ein Großteil der »riche owe«, so ihr mittelalterlicher Name, ist Gemüseland, das teilweise auch überdacht ist. Etwa 17 Hektar groß ist die Weinbaufläche. Der Weinbau hat eine reiche Tradition, denn wahrscheinlich bereits 818 wurde unter Abt Heito I. der erste Weinstock gepflanzt. Zeitweise umfasste die Weinbaufläche sogar 200 Hektar. 1827 schrieb der Dichter Gustav Schwab: »… so haben sich auf Reichenau eine Menge glücklicher Sterblicher in den Ueberfluß getheilt, zwischen Rebenhügeln, Wiesen und Obstgärten nach allen Seiten hinlaufende Wege angelegt, Gärten und Felder umzäunt und abgetheilt, und unzählige Hütten über die Insel ausgestreut, in welche Jeder einheimst, was zur Nothdurft und zur Lust des Lebens genug ist.«

Von dem Westgoten Pirmin wurde das Kloster auf der damals noch Sintlazan genannten Insel mit 40 Mönchen gegründet. Wahrscheinlich war der Auftrag dazu vom Hausmeier Karl Martell erteilt worden. Er wollte die Eingliederung des noch kaum christianisierten alamannischen Herzogtums ins fränkische Reich absichern und organisierte deshalb im rechtsrheinischen Gebiet die Kirche zentralistisch. Pirmin, über dessen Leben nicht viel bekannt ist, war vor seiner Reichenauer Zeit Klosterbischof von Meaux bei Paris.

Das Kloster entwickelte sich zu einem der bedeutendsten Zentren von Kunst, Kultur und Wissenschaft. Die Äbte selbst gelangten in hohe, einflussreiche Reichsämter und wirkten als Erzieher und Berater in den kaiserlichen Familien. Von der Bedeutung des Klosters zeugt auch das Grab Kaiser Karls III. in der Klosterkirche in Mittelzell.

Der Baseler Bischof Abt Heito I. (806–823) war Vertrauter Karls des Großen und reiste als dessen Gesandter nach Konstantinopel, wo er die Anerkennung des Karolingerreiches durch Ostrom erwirken sollte. Der wichtigste Abt war Walahfrid Strabo (838/42–849), der ab seinem 16. Lebensjahr als Erzieher Karls II. (Karl der Kahle) am kaiserlichen Hof und literarisch tätig war. So verfasste er beispielsweise 945 Hexameter der Visio Wettini neu. Gleich zu Anfang setzte er ein Vergilzitat, das er wohl auf sich selbst münzte: »Ein Funke ist da und braucht seinen Zunder.« Das Werk ist eine Jenseitsvision, eine Vorwegnahme der Dante'schen Göttlichen Komödie. Strabo verfasste auch das Liber de cultura hortorum, ein Buch, das sich mit Gartenbau und Heilpflanzen beschäftigte. Hier pries er unter anderem in 444 Versen 24 Kräuter.

Die im 8. Jahrhundert angelegte Bibliothek umfasste nach der 821 erfolgten Katalogisierung bereits 415 Bände. Sie war eine der bedeutendsten ihrer Zeit. 1008 bis 1054 lebte im Kloster Hermann der Lahme, ein Mönch, der krankheitsbedingt nicht einmal richtig sprechen konnte, aber als »Mirakel des Jahrhunderts« eine Art Universalgenie auf den Gebieten Theologie, Astronomie, Mathematik, Geschichte, Dichtung und Musik war: »An Mund, Zunge und Lippen gelähmt« war er »seinen Schülern ein beredter und eifriger Lehrer«, wie geschrieben wurde. Er dichtete in Latein, beispielsweise Marienlieder wie das »Salve Regina«, erfand seine eigene Notenschrift, schrieb Bücher über die Zeitrechnung, über die Harmonielehre und eine Reichenauer Kaiserchronik.

Stiftskirche Sankt Peter und Paul in Niederzell

Nach dem Abt Witigowo, der wegen seiner unmäßigen Ausgaben für Kunst abgesetzt wurde, und seinem Nachfolger Alawich II. setzte ab dem 11. Jahrhundert der Niedergang der Abtei ein. Bereits 1414 zur Zeit des Konstanzer Konzils lebten nur noch zwei Klosterherren hier. Der letzte Reichsabt trat 1540 seine Abtswürde an den Konstanzer Bischof ab. 1803 wurde die Reichenau säkularisiert, zwei der einst fünf Kirchen wurden abgerissen. Seit 2000 ist die Insel mit dem Kloster auf der UNESCO-Liste des Welterbes verzeichnet.

■ Besichtigung Oberzell:

Die **Stiftskirche Sankt Georg** in Oberzell ist die jüngste, aber die bedeutendste Kirche auf der Insel und stammt aus dem 9. Jahrhundert. Sie wurde um das Jahr 1000 mit herrlichen Fresken ausge-

malt. Es sind die umfangreichsten nördlich der Alpen noch erhaltenen Freskenmalereien aus dieser Zeit. Sie zeigen Szenen aus dem Leben Jesu. Sehenswert sind die Mäanderbänder, die rundum verlaufen und die Malerei einrahmen. Originell ist die so genannte Kuhhaut vom Anfang des 14. Jahrhunderts: Sie wird von vier Teufeln getragen, während ein fünfter versucht, das Gespräch zweier Frauen auf die Haut zu schreiben. Damit soll die Schwatzhaftigkeit der Frauen dokumentiert werden, die angeblich auf »keine Kuhhaut« passe.

■ Besichtigung Mittelzell:

Hinter der Klostermauer befanden sich um 1600 ein Löwenzwinger und ein Bärengraben, heute findet man hier den **Kräutergarten** des Klosters. Er erinnert an das Gartenbaubuch des Abtes Walahfrid Strabo, sind doch fast alle dort beschriebenen Pflanzen auch in diesem Garten zu finden.

Strabos Buch verblüfft durch die Genauigkeit und die Lebendigkeit der Schilderungen, denn er geht nicht nur auf das Erscheinungsbild, sondern auch auf Duft und Schönheit der Pflanzen ein. Über die Rose schrieb er beispielsweise: »... Reinheit der Jungfrau, selig gepriesen, strahlt aus der Blume; / Dann nur leuchtet sie duftend, wenn Not der Sünde ihr fernbleibt, / Wenn unheiliger Liebe Begier ihre Blüte nicht knicket. / Gehet jedoch ihrer Unberührtheit Kleinod verloren, / Werden in üblen Gestank sich die holden Düfte verwandeln ...« Das zur Entstehungszeit Wichtigste war aber sicherlich die Beschreibung der Pflanzen als Heilpflanzen.

Das **Münster Sankt Maria und Sankt Markus** aus dem 8. Jahrhundert liegt inmitten der Klostermauern. Seine Gründungsgeschichte wird in einem barocken Gemälde im rechten Seitenschiff erzählt, das 1624 zur 900-Jahr-Feier gemalt wurde. Hier sieht man, wie der Klostergründer Pirmin das giftige Gewürm von der Insel über den See nach Allensbach vertreibt. Beachten sollte man den riesigen, offenen Dachstuhl, der ein vollständig erhaltenes Gebälk von 1236/37 besitzt, eines der ältesten Deutschlands. Es erinnert an das Innere eines umgedrehten alten Holzschiffes – schließlich wurde es unter Beteiligung normannischer Zimmerleute errichtet, die vermutlich Erfahrungen im

Schiffsbau besaßen. In der Schatzkammer sieht man kirchliches Gerät, Reliquienschreine und Fragmente der Reichenauer Buchkunst. Zu den ältesten Gegenständen der Kirche gehört ein spätantikes Marmorgefäß aus dem 5. Jahrhundert, der so genannte »Krug von Kana«. Fast ebenso alt ist ein griechisches Abtskreuz aus dem 6. Jahrhundert.

In der Nähe der Anlage liegt der Hauptplatz, wo wir das **Alte Rathaus** finden, das heutige Heimatmuseum. Es gehört zu den ältesten Fachwerkhäusern Süddeutschlands. Davor steht die 700 Jahre alte **Pirminlinde.** Gegenüber dem Münster sehen wir das 1469/70 erbaute Haus **Uricher,** einst das Gästehaus der Äbte. Es besitzt einen fünfseitigen Erker, alemannisches Fachwerk und eine Stube mit Bohlenwerk. Der Name von **Schloss Windeck** (auch: Windegg) bedeutet »windiges Schloss«, was wohl auf die exponierte Lage am äußersten Westzipfel der Insel zurückzuführen ist. Hier saßen im 12. Jahrhundert Ministerialen der Reichenauer Mönche. Vielleicht war es auch zeitweise der Wohnort von Papst Martin V. nach seiner Wahl in Konstanz 1417. 1629 kaufte es das Kloster zurück. Der heutige Spätrenaissance-Bau wurde 1667 erstellt.

Etwas außerhalb der Besiedlung finden wir die **Hochwart.** Sie ist der mit knapp 440 Metern höchste Punkt der Insel und liegt gut vierzig Meter über dem See. Zur Aussicht, die sich von hier bietet, schrieb Gustav Schwab: »… dagegen vereinigt sich hier Alles zu einem Landschaftsgemälde von sanftem und mildem Charakter, der das Auge um so traulicher anspricht, je näher die Hauptparthien demselben gerückt sind. In bunter Mannigfaltigkeit stellen sich an den Ufern des See's blühende Dörfer, Städte und Schlösser, ländliche Hütten und stattliche Klöster, Kirchen, Weinberge und Getraidefelder, fröhliche Wiesen und düstere Wälder dar, und jenseits des Rheins thut sich das lachende Thurgau auf, an Fruchtbarkeit und Cultur ein großer Garten, besäet mit Landhäusern und Dörfern und überall die fleißige Hand und den thätigen Geist seiner Bewohner verkündend. Tief im Hintergrunde des südlichen Land-Ufers ragt vereinzelt und scharfbegränzt hoch über die Vorberge der Säntis hervor, der hier mehr die Gestalt eines isolirten Berges, als einer Gebirgskette hat …« – und so preisend fährt der Dichter noch eine Seite fort!

Das 1833 von Johann Willibald von Seyfried erbaute Teehaus auf der Hochwart ist ein kleines kubisches Häuschen mit einem gleichartigen Turmaufsatz. An dieser Stelle beginnt auch der Weinlehrpfad, der die angebauten Sorten (vor allem Müller-Thurgau und Blauer Spätburgunder, der Rest Ruländer, Kerner und Gutedel) erklärt.

■ **Besichtigung Niederzell:**
Die **Stiftskirche Sankt Peter und Paul** wurde erstmals 796 bis 799 erbaut. Ein Neubau folgte nach zwei Bränden um 1080 im Jahr 1134. Die Kirche besitzt neben den Resten von Malereien im italo-byzantinischen Stil aus der Spätzeit der Reichenauer Malschule (auch: Malerschule) stammende Gemälde in der Mittelapsis (12. Jh.). 1976 wurden bei Renovierungsarbeiten unter der Altarplatte die Inschriften von mehr als vierhundert Personen aus dem 9. bis 11. Jahrhundert entdeckt. Die Inschriften sind teils in Sandstein geritzt, teils mit Tinte geschrieben.

■ **Besichtigung Wollmatinger Ried:**
Vor der Insel liegt das erstmals 1968 vom Ministerrat des Europarats mit dem Europa-Diplom ausgezeichnete Naturschutzgebiet Wollmatinger Ried – Untersee – Gnadensee; die Gültigkeit des Diploms wurde seither immer wieder um fünf Jahre verlängert. Mit seinen flachen Buchten

Die Kirchen der Reichenau, wie hier Sankt Georg, bergen reiche Kunstschätze.

und dem breiten Schilfgürtel bietet es vielen Vogelarten Zuflucht. Im Frühling und im Herbst leben hier Zehntausende von durchziehenden Wasservögeln. Davon brütet ein Viertel im Ried, so die Löffelente, die Knäkente, die seltene Kolbenente, die Fluss-Seeschwalbe, die Uferschnepfe, der Schwarzhalstaucher, Wasserrallen, Drosselrohrsänger und Bekassinen, der Grau- und der Seidenreiher, der Säbelschnäbler und sogar der Eisvogel. Hier lebt auch der seltene Singschwan, und sogar Nachtigallen soll man am Damm hören! In der schilfbewachsenen Sumpflandschaft gedeihen typische Riedpflanzen, außerdem Heidekraut und Ginster. Eine gute Sicht hat man von der Plattform der Burgruine Schopflen aus, die sich direkt neben der Durchgangsstraße befindet.

Singen

■ **Auskunft:**

Verkehrsamt Singen, August-Ruf-Straße 11, 78224 Singen, Telefon (0 77 31) 85-2 62, www.singen.de, E-Mail: verkehrsamt@singen.de

■ **Stadtbesichtigung:**

Die katholische **Pfarrkirche Herz Jesu** ist eine mächtige neuromanische Pfeilerbasilika. Sie wurde 1908 bis 1911 errichtet. Die Einrichtung schufen von 1978 bis 1982 Emil Wachter und Klaus Ringwald. Außerdem findet man

Ausstattungsstücke der ursprünglichen Einrichtung.

In den Jahren 1809 und 1810 entstand das **Schloss** in einer Mischung zwischen Barock und Klassizismus. Heute beherbergt es das Hegaumuseum, das von einer Mitte des 19. Jahrhunderts im englischen Stil mit Springbrunnen und einem Teepavillon geschaffenen Parkanlage umgeben ist. Die **Scheffelhalle** wurde 1925 in expressionistischem Stil nach Plänen von Albert Hug erbaut und diente einst als Festhallen-Provisorium.

Das berühmteste Bauwerk der Stadt ist aber die **Burgruine** auf dem Hohentwiel. Sie liegt auf einem steilen, landschaftsbeherrschenden Phonolithkegel und zählt zu den ältesten und größten Höhenburgen in Deutschland. Von hier stammen auch vorgeschichtliche, keltische, römische, alamannische und karolingische Funde.

Eine erste Anlage wurde um 912/14 im Zuge der Wiedergründung des Herzogtums Schwaben errichtet. 970 entstand ein dem heiligen Georg geweihtes Kloster. Nach dem Tod der aus bayerischem Herzogshaus stammenden Herzogin Hadwig (994) endete die Bedeutung der Burg als Sitz von schwäbischen Herzögen, und das Kloster wurde 1005 nach Stein am Rhein verlegt. Kaiser Otto III., der 994 und 1000 auf der Burg weilte, und Kaiser Heinrich II. führten die Burg wieder in die Gewalt des Reiches zurück. Nach verschiedenen Wirren und nachdem die Besitzer mehrmals gewechselt hatten, gelangte die Burg 1521 auf Zeit und 1538 endgültig an Herzog Ulrich. Sie war dann württembergische Enklave in zuerst vorderösterreichischem, dann badischem Gebiet. Nach Singen wurde die Ruine erst 1969 eingemeindet.

Im 16. Jahrhundert erfolgte der Ausbau der Anlage zur Landesfeste. Ab 1552/53 wurden von Aberlin Tretsch die Fürstliche Burg und das Schloss an der höchsten Stelle errichtet. 1568 bis 1593 wurde das Rondell Augusta erbaut. Dieser mächtige Kanonenturm sollte die Vorburg sichern. 1634 während des Dreißigjährigen Krieges war der berühmte Major Konrad Widerholt Kommandant des Hohentwiels. Die Burg war nun ein Widerstandszentrum der protestantischen Mächte; Widerholt und seine Mannen überstanden insgesamt fünf Belagerungen, darunter auch eine große Belagerung 1639 unter General Mercy.

1641 rückten die Kaiserlichen gar mit 8000 Mann an, darunter 100 Mineuren, Sprengmeistern und Erzknappen aus Tirol, die die Felsen und Befestigungen zu sprengen versuchten. Unter den Waffen befand sich auch ein Mörser, mit dem man mehr als 300 Pfund schwere Kugeln abschießen konnte. Die Belagerer konnten der Festung aber nicht viel anhaben. Es blieb bei geringen Schäden und der Zerstörung zwei den Menschen »hochnötiger Orte«, wie Widerholt schrieb. Die

Besatzung konnte bei einem Ausfall sogar einige Kanonen vernageln, also unbrauchbar machen! Die Österreicher versuchten 1643 gar, Widerholt zu bestechen: Er sollte in den erblichen Adelsstand versetzt und zum Generalleutnant ernannt werden sowie eine große Summe Geld erhalten, wenn er den Hohentwiel aufgäbe. Selbst der nach Straßburg geflüchtete Herzog Eberhard III. von Württemberg konnte Widerholt nicht zur Aufgabe des Hohentwiels veranlassen. Er schrieb zwar einen Brief, wohl gezwungenermaßen, aber angeblich fehlte auf ihm ein geheimes Zeichen. So konnte Widerholt 1650 seinem Herzog die Festung unbezwungen zurückgeben.

Aus der Zeit des 16. bis 18. Jahrhunderts stammen die Truppenunterkünfte und die Ökonomiegebäude, ein letzter Ausbau zu einer weiträumigen Festung fand 1735 statt. Zeitweise lebten nun bis zu dreihundert Mann Besatzung auf der Burg. Im 18. Jahrhundert

Auf der Ruine Hohentwiel

war die Anlage als Staatsgefängnis Württembergs berüchtigt. Am 1. Mai 1800 wurde die Anlage kampflos an die Franzosen unter General Vandamme übergeben. Die Besatzung glaubte, sie dadurch vor der Zerstörung retten zu können. Trotzdem wurde sie aber auf Befehl Napoleons geschleift. 150 Mineure hatten ein halbes Jahr damit zu tun, und 12 500 ortsansässige Arbeiter mussten mithelfen!

Die Anlage besteht im Wesentlichen aus zwei Teilen: der Unteren und der Oberen Festung, wobei die Obere Festung wiederum in zwei Bereiche auf verschiedenen Ebenen geteilt ist. Der untere Teil war mit der Kaserne, der ehemaligen Klosteranlage und den Wohn- und Wirtschaftsgebäuden bebaut. Einst diente der große Innenraum zum Exerzieren und für Paraden. Der oberste Teil besteht vor allem aus der Herzogsburg und dem Zeughaus. An der Mauer zwischen oberem und unterem Teil liegt die Kirche.

Die Burgbesichtigung gestaltet sich recht anstrengend, denn der Weg zieht teilweise recht steil empor. Er führt zuerst durch ein Bannwaldgebiet, dann zum Galgenrain, der seinen Namen von dem früher hier stehenden Galgen hat. Nach weiterem Bergauf folgen zwei Tunnels. Nach dem Vorhof geht es am Fels entlang und mit herrlicher Sicht ins Hegau weiter aufwärts zum Schmittefelsen, wo früher die Schmiede lag. Anschließend durch-

queren wir ein Renaissancetor mit außergewöhnlichen Schneckenmotiven. Dahinter stehen die Ruinen des Langen Baus, wo eine Grillmöglichkeit, Tische und Bänke zur Rast einladen.

Nun steigen wir nach rechts hoch zur Kirche, zum Ekkehardturm und zum Widerholt-Denkmal. Dahinter kommt an der Südwestecke das Geschützrondell Augusta. Es war mit einem Durchmesser von 25 Metern die mächtigste Rundbastion Südwestdeutschlands und wurde vermutlich unter Herzog Ulrich begonnen und unter seinem Sohn Christoph vollendet. Am Zeughaus finden wir Reliefbüsten mit den Porträts Scheffels und Bismarcks. Westlich der Kirche steht die Herzogsburg, die aus einem unter Herzog Christoph errichteten Gebäude hervorging. Das Bandhaus diente auch als Wohnung des Küfers.

Sipplingen

- **Auskunft:**

  Tourist-Information, Seestraße 3, 78354 Sipplingen, Telefon (0 75 51) 9 49 93 70, Fax (0 75 51) 35 70, www.sipplingen.de, E-Mail: touristinfo@sipplingen.de

- **Ortsbesichtigung:**

  Die katholische **Kirche** geht auf das späte Mittelalter zurück. Der schiefe Turm stammt aus dem 13. Jahrhundert, Chor und Langhaus aus dem 15. und 16. Jahrhundert. Mitte des 18. Jahrhunderts wurde die Kirche von der Deutschordens-Kommende Mainau barockisiert und mit zartem Stuck geschmückt; 1904 erfolgte eine neugotische Überarbeitung. Von der Barockausstattung sind noch sehenswerte Figuren vorhanden, die Joseph Anton Feuchtmayer zugeschrieben werden (um 1750). Die Figuren an den Seitenaltären stammen vielleicht von einem Schüler Christoph Daniel Schencks (um 1690). Sehenswert sind ferner die Kanzel und die Prozessionsstangen. Es gibt zwei Votivbilder aus dem 18. Jahrhundert. Eine Marienfigur wird dem Zürn-Kreis zugeordnet (um 1620). Das Kruzifix im Chor stammt vom Anfang des 14. Jahrhunderts, die Ölbergnische von etwa 1550.

Das **Rathaus** (1669) besitzt einen hohen Gewölbekeller und eine Außentreppe. In dem werktags geöffneten Gebäude befindet sich ein schöner historischer Bürgersaal.

Der **Konstanzer Spitalhof** (1601) ist eines der ältesten Gebäude des Ortes. Er besitzt einen Staffelgiebel, Eckquaderung und zwei Wappentafeln. Ab 1880 war hier die Post untergebracht. Das Spital Konstanz war Grund- und Gerichtsherr in Sipplingen. Der 1719 erneuerte **Überlinger Spitalhof** geht auf das 14. Jahrhundert zurück, als das Heilig-Geist-Spital Zehntrechte und Weinberge erwarb; 1479 kamen noch Schloss und Besitz Alt-Hohenfels hinzu. Im Obergeschoss besitzt das Haus ein prächtiges Zierfachwerk mit Andreaskreuzen, innen eine bemalte Kassettenholzdecke. Im Erdgeschoss war der Weintorkel untergebracht. Aus einem Franziskanerinnenkloster ging der **Gasthof Adler** hervor. Der barocke Bau stammt aus der Mitte des 17. Jahrhunderts.

Beeindruckend sind auch die weiteren **Pfleghöfe** wie der **Mainauer Hof** (1764), der **Salemer Hof** (18. Jh.) und das außergewöhnlich große **Bruderschaftshaus** (um 1600). Auch verschiedene **Wohnhäuser,** die teilweise große Kellerportale besitzen, sind sehenswert, beispielsweise das Bruderschaftshaus (um 1600), Bruderschaftsweg 2, 4; Auf dem Boll 1 (1761), Rathausstraße 9, Eckteil 20.

Brunnen in Sipplingen

Stockach

■ **Auskunft:**

Stadt Stockach, Altes Forstamt, Salmannsweilerstraße 1, 78333 Stockach, Telefon (0 77 71) 8 02-3 00, Fax (0 77 71) 8 02-3 11, www.stockach.de, E-Mail: tourist-info@stockach.de

■ **Stadtbesichtigung:**

Während des Spanischen Erbfolgekriegs wurde Stockach 1704 von französischen und bayerischen Truppen niedergebrannt, so dass die Gebäude in der Stadt aus jüngerer Zeit stammen.

Der Zwiebelturm der auf das 15. Jahrhundert zurückgehenden katholischen **Pfarrkirche Sankt Oswald** stammt aus dem Barock. Die Kirche wurde nach der Zerstörung 1704 in den Jahren 1708 bis 1728 neu erbaut. Das Schiff stammt von 1932, so dass die Kirche insgesamt einen expressionistischen Eindruck erweckt. Sehenswert sind das Dreikönigsrelief im Vorraum der

Prächtige Fassaden in Stockach

Taufkapelle, die Epitaphien beim Hauptportal und die Kreuzigungsgruppe über dem Hochaltar.

Das **Alte Forstamt** war während der vorderösterreichischen Zeit der Stadt Rentamt. Nach dem Übergang an Baden diente es der Großherzoglichen Domänenverwaltung und war anschließend Staatliches Forstamt. Es wurde 1706 über einem Vorgängergebäude errichtet und besitzt im ersten Obergeschoss eine prächtige Stuckdecke, deren Formen an die Renaissance erinnern. Heute beherbergt das Gebäude Tourist-Info, Stadtmuseum und Stadtbücherei.

Das Bürgerhaus **Adler Post** wurde 1505 als Poststation genannt. Sie war eine der ältesten Poststationen Deutschlands. Die Post- und Reiterlinien Wien–Paris, Ulm–Basel und Stuttgart–Zürich kreuzten sich hier. Die Reisenden übernachteten im Hotel. Noch aus dem Jahr 1870 weiß man von über sechzig Pferden in den Stallungen.

Der **Hans-Kuony-Brunnen** erinnert an den Stockacher Bürgersohn und Hofnarren, auf den das »Hohe Grobgünstige Narrengericht zu Stocken« zurückgeht (1351). Der Brunnen stammt von Werner Gürtner. Kuony gab seinem Herrn, Erzherzog Leopold von Österreich, als er vor der Schlacht gegen die Schweizer Urkantone im Jahr 1315 nach seiner Meinung befragt wurde, die Antwort: »Ihr ratet wohl, wie ihr in die Schwyz hineinkommen wollt, nicht aber heraus.« Und wie er es vorausgesagt hatte – die Österreicher wurden geschlagen. Für seine Weisheit erhielt der Narr vom Bruder seines Herrn, Erzherzog Albrecht, das Privileg, alljährlich zur Fastnachtszeit ein Narrengericht abzuhalten. Noch heute sind alljährlich prominente Politiker »Opfer« des Gerichts. Ein weiteres Kunstwerk ist das vom Bodmaner Künstler Lenk gestaltete **U-Boot** mit dem seinerzeit amtierenden Verteidigungsminister Rudolf Scharping.

Das mit einem Glockentürmchen ausgestattete **Landvogteigebäude** war von etwa 1600 bis 1806 der Sitz der nellenburgischen Landvögte; das Gebäude stammt von 1706. Der Durchgang zwischen der Hauptstraße und der Kaufhausstraße diente als Lager- und Verkaufsplatz. Über dem Haupteingang ist ein Wappen mit der Jahreszahl 1756 angebracht, innen sieht man Stuckdecken.

Im 1668 genannten ehemaligen **Gasthaus Zum Weißen Kreuz** übernachtete in der Nacht vom 2. zum 3. Mai 1770 Marie-Antoinette auf ihrem Brautzug nach Paris, wo sie König Ludwig XVI. heiratete. Das mit Arkaden geschmückte Haus war ab 1710 Sitz von Behörden, ab 1806 Königlich Württembergisches Oberamt, ab 1811 Badisches Bezirksamt, später Landratsamt, Finanzamt und Polizeidienststelle.

Im Zentrum liegt der kleine **Stadtpark.** Am Ortseingang, von Ludwigshafen her gesehen, steht die **Loretokapelle** mit der ältes-

ten bespielbaren Orgel Badens. Sie stammt von 1661. In der Nähe der Stadt liegt auf einem Bergrücken die **Nellenburg.** Es sind allerdings nur noch bescheidene Ruinenreste von diesem ehemaligen Schloss der Grafen von Nellenburg übrig. Die Burg wurde 1056 erstmals erwähnt, immer wieder belagert, zerstört und wieder aufgebaut. 1782 wurde sie endgültig abgebrochen.

Tettnang

■ **Auskunft:**

Tourist-InfoBüro TIB, Montfortstraße 41, 88069 Tettnang, Telefon (0 75 42) 95 25 55, Fax (0 75 42) 92 92 70, www.tettnang.de, E-Mail: tourist-info@tettnang.de

■ **Stadtbesichtigung:**

Tettnang war von 1260 bis 1780 die Residenz der Grafen von Montfort-Tettnang, die aus Vorarlberg stammten. Das **Neue Schloss** wurde 1712 bis 1729 von Christoph Gessinger unter Graf Anton III. als neue Residenz erbaut. Davor stand hier eine im Dreißigjährigen Krieg (1618–1648) zerstörte Burg. Das Schloss besitzt einen quadratischen Grundriss mit drei Geschossen, vier Flügeln und übereck gestellten Ecktürmen. Bereits 1728, noch bevor das Schloss fertig war, mussten die Arbeiten eingestellt werden, weil kein Geld mehr vorhanden war. Schon 1753 wurde es innen bei einem Brand fast vollständig zerstört. Beim ab 1755 von Graf Franz Xaver veranlassten – und von Österreich mitfinanzierten – Wiederaufbau durch Jakob Emele wurde die Inneneinrichtung nach neuester Mode erneuert, wobei die bedeutendsten Stuckateure, Maler und Freskanten aus dem Bodenseeraum mitarbeiteten, darunter Joseph Anton Feuchtmayer, Johann Georg Dirr (beide Stuckateure), Moosbrugger und Andreas Brugger (Malerei). Dies überforderte die Geldmittel der Herrschaft derart, dass sie sich verschuldete und 1779 die Grafschaft an Österreich abtreten musste. Innen ist das Bauwerk mit prachtvollem Stuck, mit Fresken und Ölgemälden ausgestattet. Besonders prunkvoll wurden zwei der vier Treppenhäuser gestaltet. Sie sind im unteren Teil wie die beiden anderen mit Stuck geschmückt, oben aber mit großen Deckengemälden mit zeitgenössischen Genreszenen bemalt. Ein Teil des Schlosses mitsamt seiner historischen Inneneinrichtung dient heute als Museum. Vom Schloss und seinem Barockgarten aus hat man eine herrliche Sicht bis hin zum See und zu den Alpen im Hintergrund.

Das 1667 unter Graf Johann V. von Montfort-Tettnang (1627 bis 1686) vom Vorarlberger Baumeister Michael Kuen erbaute **Alte Schloss** dient seit 1904 als Rathaus. Es besitzt eine Staffelgiebelfassade, über dem Portal ist das Allianzwappen von Johann X. und seinen beiden Gemahlinnen Maria Anna Eusebia von Königsegg-Aulendorf und Maria Anna Katharina von Sulz angebracht. Oben ist es mit einer alten Uhr geschmückt.

1858 bis 1860 wurde die katholische **Stadtpfarrkirche Sankt Gallus** im Stil des späten Klassizismus erbaut. Die heutige Einrichtung stammt teilweise noch aus dem 17. bis 19. Jahrhundert. Am Eingang sieht man ein frühklassizistisches Marmorepitaph für Graf Anton IV. von Montfort-Tettnang (1713–1787), den letzten seiner Familie.

Die katholische **Kapelle Sankt Georg** beim Schloss ging aus einem in der ersten Hälfte des 15. Jahrhunderts erwähnten und im Dreißigjährigen Krieg zerstörten Vorgängerbau hervor und wurde 1682 unter Graf Johann V. vom Vorarlberger Baumeister Heinrich Bader erbaut. Sie diente vermutlich den Montfortern als Burgkapelle. Innen besitzt die Kapelle einen großen Hochaltar aus Stuckmarmor, wahrscheinlich aus der Werkstatt von Joseph Anton Feuchtmayer (um 1755/60). Der Altar stammt aus der 1828 profanierten Schlosskapelle. Sehenswert sind weiter zwei spätgotische Skulpturen, ein geschmücktes Gehäuse mit der Wachsfigur des »Prager Jesuskindes« (um 1750) und Zunftstangen aus dem 18. Jahrhundert.

Daneben stand bis 1983 die ehemalige Mittelmühle, von der noch ein riesiges altes **Mühlrad** als Erinnerung an die Glanzzeit der Tettnanger Mühlen erhalten blieb.

Die Mittelmühle wurde Mitte des 16. Jahrhunderts als jüngste von drei Mühlen in Tettnang erwähnt.

Die 1513 von Graf Ulrich VII. gestiftete **Kapelle Sankt Anna** wurde 1971 wiederhergestellt. Manche Schlusssteine sind figürlich geschmückt und teilweise mit Stifterwappen versehen. Daneben steht das **Mesnerhaus** aus dem 18. Jahrhundert.

Wahrzeichen der Stadt: das Tettnanger Schloss

Die **Loretokapelle** in der Nähe des Schlosses wurde 1624 gestiftet. An den Wänden sieht man fünfzehn Medaillons mit den Rosenkranzgeheimnissen (etwa 1630).

Das am Rand des Zentrums liegende **Torschloss,** das trotz seines Namens nie ein Schloss war, besteht aus mehreren Gebäuden, besitzt Staffelgiebel und Eckerker und liegt in einem malerischen Ensemble historischer Häuser. Hier befinden sich auch die Reste der Ummauerung und ein spitzbogiges Tor mit Buckelquadern. Die ältesten Teile des Gebäudes dienten einst als Stadtbefestigung und wurden 1464 um den vorgesetzten Turm erweitert. Vor 1569 erwarb es der Landschreiber Leuthold und ließ es großenteils umbauen. 1629 kauften es die Montforter wieder zurück und bauten die beiden linken Gebäudeteile an. Im Jahr 1783 diente es als Schulhaus. Hier ist das Montfort-Museum

untergebracht, das einen Überblick über die Stadtgeschichte gibt. Die angebaute **Heilig-Kreuz-Kapelle** wurde 1577/78 im Auftrag des Landschreibers Leuthold errichtet. An der Ostwand sieht man sein Wappen, das der Stadt und eines des Grafenpaares Ulrich IX. von Montfort und seiner Frau Ursula geborene Solms-Licht. Über dem Eingang ist ein Fresko mit Wappen und einer Darstellung des Todes angebracht.

Das ehemalige **Amtshaus,** Schulstraße 4, stammt von 1688 und besitzt einen Staffelgiebel. Ein imposantes Fachwerkhaus ist das Wohnhaus **Montfortstraße 34.** Sehenswert sind auch die meist mächtigen Gebäude der zahlreichen **Gastwirtschaften** mit ihren farbigen Fassaden und schmucken Wirtshausschildern. Das **Gasthaus Bären** wurde um 1580 als Schildwirtschaft Schwarzer Bären erwähnt. Es lag seinerzeit am Kreuzungspunkt alter Poststraßen nach Ravensburg, Lindau, Wangen und dem heutigen Friedrichshafen, früher Buchhorn. Das Wappen der Besitzerfamilie Forster ist über dem Eingang angebracht.

Südlich vor der Stadt liegt das 1364 genannte **Spital Sankt Johann Baptist.** Zwischen den beiden Wohngebäuden aus dem 18./19. Jahrhundert steht die 1659 erbaute **Kapelle.** Ihr Hochaltar wurde 1864 im Stil der Neurenaissance geschaffen.

Überlingen

■ **Auskunft:**

Kur und Touristik Überlingen GmbH, Landungsplatz 5, 88662 Überlingen am Bodensee, Telefon (0 75 51) 9 47 15-22, Fax (0 75 51) 9 47 15-35, www.ueberlingen.de, E-Mail: touristinfo@ueberlingen.de

■ **Stadtbesichtigung:**

Das ab 1350 und 1586 vergrößerte beziehungsweise umgestaltete, gotisch geprägte katholische **Münster Sankt Nikolaus** ist eines der großartigsten Bauwerke im Bodenseegebiet. Seine Ursprünge reichen wohl bis ins 10. Jahrhundert zurück. Innen sieht man unter anderem große Sandsteinplastiken (13. Jh.), ein Chorgestühl (um 1430), einen prachtvoll geschnitzten Hochaltar (Jörg Zürn, Vater und Brüder und andere) und

zahlreiche Nebenaltäre, ein Sakramentshaus (1611), ein perspektivisches Chorgitter (1754) und eine Steinkanzel (1551).

Südwestlich steht eine **Ölbergkapelle** von 1493, östlich ein großes **Gedächtniskreuz** für den ehemaligen Friedhof (1569).

Die katholische **Kirche zur Unbefleckten Empfängnis** war eine Klosterkirche der Franziskaner und wurde ab dem 14. Jahrhundert erbaut. Mitte des 18. Jahrhunderts wurde sie von Johann Michael Beer barockisiert. An der prächtigen Ausstattung war auch Joseph Anton Feuchtmayer beteiligt. Sie wird auch Franziskanerkirche genannt. Die 1460 erbaute **Kapelle Sankt Jodokus** ist im Rokokostil mit Stuckaturen und Wandmalereien ausgeschmückt.

Im Zentrum findet man noch ehemalige **Pfleghöfe** der verschiedenen Klöster, die hier Grundbesitz hatten: **Salmannsweiler Hof,** Franziskanerstraße 15–17 (1535), **Mainauer Hof,** Hofstatt 2, **Klosterhof von Wald,** Hafenstraße 6, **Petershausener Hof,** Hafenstraße 10.

Im spätmittelalterlichen **Susohaus,** Susogasse 10, wurde angeblich der Mystiker Heinrich Suso / Seuse (1295–1366) geboren. Das **Zeughaus** an der Seepromenade entstand im 16. Jahrhundert und diente bis ins 19. Jahrhundert als Waffenarsenal.

Von einst elf Toren der ehemaligen **Ummauerung** stehen noch der **Barfüßerturm, das Aufkircher**

Tor, Bad-, Büttel- und Wagsauterturm, Gallerturm und **Sankt-Johann-Turm** (1522/23). Dieser wurde 1632 auf 37 Meter Höhe aufgestockt. Der Ausbau des **Rosenobelturms** zu einem mächtigen Rundturm erfolgte 1657; er ist der nördliche Eckpfeiler der inneren Befestigungslinie der Stadt. Der mächtige **Gallerturm,** ein Rundturm, wurde 1502/03 erbaut und überragt den Stadtgarten. Das **Franziskanertor** ist eines der schönsten gotischen Stadttore im Bodenseeraum. Es wurde 1494/95 erbaut und begrenzt den ältesten Teil der Stadt.

Das repräsentative **Rathaus** am Münsterplatz wurde im 14./15. Jahrhundert erbaut und besitzt einen berühmten Rathaussaal (Jakob Russ, 1490–1494) mit holzgeschnitztem Arkadenfries mit zahlreichen Statuetten von Vertretern der Stände des Heiligen Römischen Reiches Deutscher Nation und eine reiche Ausstattung mit Kunstwerken. Daneben finden wir das **Stadtarchiv** (1598/1600), ein prachtvolles Renaissance-Bauwerk.

Am Landungsplatz steht das mit einem Walmdach versehene städtische **Lager-, Handels- und Kornhaus (Greth),** das 1788 von Franz Anton Bagnato im Stil des Klassizismus umgebaut wurde. Das **Haus der Reichlin von Meldegg,** Krummebergstraße 30, dient heute als städtisches Museum. Es wurde vom Arzt und Humanisten Andreas Reichlin von Meldegg, zeitweise kaiserlicher und päpstlicher Leib-

arzt, um 1460 im Renaissancestil erbaut. In den Jahren von 1692 bis 1700 wurde es barockisiert. Ein historischer Terrassengarten gehört zu dem Anwesen. Das Gebäude Krummebergstraße 17 ist das teilweise romanische **Rosenobelhaus.** Sehenswert sind noch das **Gasthaus Zur Krone,** Münsterstraße 10, das **Gasthaus Zur Traube,** Wiestorstraße 5, und zahlreiche **Wohnbauten,** beispielsweise in der Krummebergstraße, der Luciengasse, der Aufkircher Straße, der Hofstatt, weiter die **Villa Speer,** Bahnhofstraße 19, der in gotisierender Gestaltung 1901 errichtete **Ostbahnhof** und **Schloss Burgberg,** ein malerisches Wasserschlösschen.

Die katholische **Sylvesterkapelle** in Goldbach stammt wohl

Blick zum Überlinger Münster

151

aus dem 10./11. Jahrhundert und gehört zu den ältesten Kapellen im Bodenseeraum. Sie besitzt Reste von Fresken im Stil der Reichenauer Malschule.

Wangen im Allgäu

■ **Auskunft:**
Gästeamt, Marktplatz 1, 88239 Wangen im Allgäu, Telefon (0 75 22) 74-2 11, Fax (0 75 22) 74-2 14, www.wangen. de, E-Mail: tourist@wangen.de

■ **Stadtbesichtigung:**
Vom höher gelegenen **Bahnhof,** von dem aus man bis zur Allgäuer Bergwelt blicken kann, gehen wir zur evangelischen Kirche (1893) und weiter zur Gegenbaurstraße. Hinter dieser Straße sehen wir das **Denkmal** des Malers Anton von Gegenbaur, der 1800 in Wangen geboren wurde und 1876 in Rom

Die Fassade des Wangener Rathauses ist reich verziert.

starb. Rechts davon steht das 1472 erstmals erwähnte **Liebfrauentor** oder **Ravensburger Tor.** Es ist mit einer niedrigen Kupferhaube, kleinen Ecktürmchen, stattlichen Wasserspeiern und auf der Innenseite mit Bildern und Reliefs geschmückt. Ab 1606 bekam es seine heutige Renaissanceform mit den runden Eckpfeilern. Ebenfalls im 17. Jahrhundert wurden zwei achteckige Geschosse mit vier zierlichen Ecktürmen auf den massiven Unterbau gesetzt.

Gleich hinter dem Tor steht links das ehemalige **Ritterhaus.** Es wurde ab etwa 1784 von Franz Anton Bagnato im Empirestil erbaut und diente als Kanzlei des Kantons Hegau für den Bezirk Allgäu-Bodensee der Reichsritterschaft. Die zur Herrenstraße zeigende Fassade mit dem Portal ist besonders prunkvoll gestaltet. Nun spazieren wir durch die **Herrenstraße,** die mit schmucken alten Häusern und Wirtshausschildern bestückt. Diese Wangener »Prachtstraße« erweckt einen spätgotischen Eindruck und gilt als einer der schönsten Straßenzüge Süddeutschlands. Ihren Namen hat sie von den »Herren«, den führenden Geschlechtern der Stadt, die einst hier wohnten. Die Häuser stammen meist aus der Zeit nach dem großen Stadtbrand (1539); sie besitzen gotische Treppengiebel und prachtvolle Wirtshausschilder (18. Jh.).

An der Fassade des Gebäudes **Herrenstraße 23** sieht man ein Bild aus der Geschichte Wangens.

Es kündet davon, dass der Kaiser den ihm zu mächtig gewordenen Schwäbischen Städtebund auflösen wollte, dem auch Wangen angehörte. Als im Zuge der Auseinandersetzungen dann Ritter in Wangen einfielen, nahmen sie ihren Weg durch die Schmiedgasse. Nun, Schmiede sind kräftige Gesellen, und so besiegten sie die Ritter und sperrten sie anschließend ein, bis der Kaiser den Städtebund anerkannte. Wir kommen am **Haus Mohren-Post,** an einer Säule mit einem Adler, dann an der Mariensäule vorbei. Der **Adlerbrunnen** wurde 1490 erstmals erwähnt und erhielt sein barockes Aussehen in der ersten Hälfte des 18. Jahrhunderts. 1701 wurde die **Mariensäule** erstmals erwähnt, als der Bildhauer Balthasar Krimmer 32 Gulden »für das unser lieben Frauen Bild uffm Brunnen mitten in der Herrengassen« erhielt. Die Säule wurde 1738 von Franz Joseph Schnitzer aus Eberhardzell geschaffen und 1911 und 1978 durch Kopien ersetzt. Letztgenannte schuf der Wangener Künstler Theo Tronsberg.

Das spätgotische **Steinhaus Schwarzer Mohr,** Nr. 27, stammt aus dem 15. Jahrhundert und war das Haus der Patrizierfamilie Neukhom. Ab Anfang des 16. Jahrhunderts befand sich hier der Gasthof Schwarzer Mohr. 1885 bis 1906 diente das Haus als Poststation. Das Wirtshausschild stammt aus dem 18. Jahrhundert. Das **Haus beim Liebfrauenbrunnen,** Nr. 17, war

bis 1632 das Haus der Familie Epplin, bis 1730 der Familie Kolb und bis 1826 der Familie Salis. Diese Familien stellten Ratsherren und Bürgermeister. Nach dem Stadtbrand befand sich hier die Trinkstube der Herren.

Das 1549 erbaute Renaissancehaus **Herrenstraße 15** gehörte dem Patrizier und Fernhandelskaufmann Peter Waltmann, der Mitglied der Großen Ravensburger Handelsgesellschaft war. Ab 1693 besaß die Papiermacherfamilie Loth aus Zell am Harmersbach im Schwarzwald das Haus. Sie betrieben die Lottenmühle in Niederwangen. 1810 bis 1838 war das Königlich Württembergische Amtsgericht in dem Gebäude untergebracht, ab 1840 gehörte es zum Besitz der Färberfamilie Sigerist. In Haus **Herrenstraße 9** befand sich bis 1939 eine ab Anfang des 16. Jahrhunderts nachgewiesene Wirtschaft. Nach dem Stadtbrand 1539 wurde das Haus neu erbaut. Das Wirtshausschild stammt aus dem 18. Jahrhundert. 1505 wurde das Haus **Herrenstraße 5** erbaut; in ihm erblickte der Ottobeurener Abt Gordian Scherrich (1632–1710) das Licht der Welt. Seit dem 17. Jahrhundert befindet sich die Stadtapotheke in dem Haus.

Auf der rechten Seite des Marktplatzes steht das **Haus Zum Vatikan,** das den Namen nach den Geistlichen hat, die sich hier regelmäßig zu ihrem Stammtisch, dem so genannten »dies« trafen. Links steht das **Hinderofenhaus,** ein viergeschossiger Renaissancepalast. Er wurde 1542 von dem Kaufmann Onofrius Hinderofen erbaut, der Mitglied in der mächtigen und reichen Großen Ravensburger Handelsgesellschaft war. Das Gebäude besitzt einen kleinen, atriumartigen Innenhof. 1640 bis 1654 wurde es zum Kapuzinerkonvent umgebaut und diente auch als städtisches Kanzleigebäude. Heute beherbergt es die Volkshochschule und zeigt eine Dauerausstellung mit Werken des in Wangen verstorbenen Künstlers Wolfgang von Websky. Links sehen wir das Rathaus, auf das wir später zu sprechen kommen. Jetzt gehen wir zuerst zur Martinskirche, die die Herrenstraße abschließt.

Vor der Kirche steht der 1485 erstmals erwähnte **Sankt-Martins-Brunnen.** Es handelt sich um ein achteckiges, reliefgeschmücktes Muschelkalkbecken, in dessen Mitte eine Steinsäule mit einer Gans steht. Sie trägt ein Kartuschenschild mit dem Stadtwappen. Die spätgotische, flachgedeckte katholische **Stadtpfarrkirche Sankt Martin** stammt im Kern aus dem 13. Jahrhundert und zählt zu den ältesten Gebäuden der Stadt. Der Turm geht noch teilweise auf die Stauferzeit zurück – er wurde in der Romanik bis zur Glockenstube aus Findlingssteinen gemauert. Im 14. Jahrhundert erfolgte die Erneuerung des Kirchenbaus. Heute ist Sankt Martin eine dreischiffige Rundpfeilerbasilika, die aus dem Turm, der Wand des Langhauses

einer früheren Kirche (13. Jh.), dem um 1380 erbauten Chor und dem im 15. Jahrhundert errichteten neuen Langhaus entstand. Im Chor befindet sich ein Netzgewölbe. Der Triumphbogen stammt von 1386. Die Ausmalungen wurden im 19. Jahrhundert von Gebhard Fugel, der neugotische Hochaltar von Theodor Schnell (1889), die Altäre in den Seitenschiffen und die prächtige Kanzel 1777 von Johann Georg Wirth geschaffen. Die sehenswerten Altargemälde stammen zum Teil von Joseph Anton von Gegenbaur. Der Deckel des barocken Weihwasserbeckens ist mit einer wahrscheinlich von Johann Wilhelm Hegenauer gefertigten Taufgruppe (Mitte 18. Jh.) geschmückt. An der Ostwand der südlichen Seitenschiffe und an der Nordostwand des Chors findet man sehenswerte Grabsteine; besonders der Renaissance-Bildnisstein für den 1511 gestorbenen Hans Rudolf Vogt von Summerau zu Praßberg ist ein prächtiges Werk.

Nach der Kirchenbesichtigung gehen wir durch die Paradiesstraße mit ihren alten Häusern zum Martinstor, vorbei an der bekannten **Bäckerei und Schankwirtschaft Zum Fidelisbäck.** Das Haus **Paradiesstraße Nr. 7** ist mit einem barocken Fresko von Jonas und dem Walfisch geschmückt. Das im Kern von 1200 stammende **Sankt-Martins-Tor** oder **Lindauer Tor** wurde 1347 als Sweglarstor erstmals genannt. Das heutige Aussehen stammt von den Baumaßnahmen 1608, als der spätgotische Unterbau einen zweigeschossigen Renaissance-Aufbau erhielt. Im Tordurchgang befinden sich Reste der gotischen Bemalung. Außerdem sieht man noch reich geschmiedete Wasserspeier.

Nach dem Martinstor kann man durch die Lindauer Straße zur katholischen Gottesackerkapelle **Sankt Rochus** auf dem im 16. Jahrhundert angelegten Friedhof gehen. Die 1592 bis 1594 erbaute Kapelle besitzt eine mit 1598 bezeichnete Holzdecke, in deren 66 Felder eine Bilderbibel und die Wappen der damaligen Wangener Familien eingemalt sind. Insbesondere im Chor befinden sich sehenswerte Gemälde.

Wir gehen zurück zum Martinsturm und zur Martinskirche, halten uns zwischen der Kirche und dem leuchtend gelb gestrichenen, klassizistischen **Pfarrhaus** rechts und steigen die gedeckte Stiege hinab. Hier befand sich im 14. Jahrhundert die Grenze der befestigten Altstadt. Nun kommen wir zum Saumarkt, auf dem früher der Schweinemarkt stattfand. Besonders bei Kindern beliebt ist der **Antoniusbrunnen** mit seinen Figuren, die Schweine und Ferkel zeigen – passend zum Saumarkt, den er ziert. Am Saumarkt sehen wir auch das **Haus des Klosenwebers.** Er war der letzte selbstständige Leinenweber in Wangen. Wenn wir noch zur Brücke weitergehen, kommen wir zum 1848 erbauten Haus des Pflaster- und Brückengeldeinziehers.

Danach gehen wir zurück zum Marktplatz; rechts unten beziehungsweise links der Kirche sehen wir das Rathaus und den Pfaffenturm. Das **Rathaus** stammt im Kern aus dem 15./16. Jahrhundert beziehungsweise aus noch früheren Zeiten. Das heutige Gebäude wurde 1721 nach Plänen des Bregenzers Franz Anton Kuen auf dem mittelalterlichen Vorgängerbau errichtet und ist ein reizvoller, reich geschmückter Barockbau mit schönen Stuckaturen und Kunstschmiedearbeiten. Man sieht Säulen, Pilaster, Gebälk, einen Balkon, eine Wappenkartusche, Volantengiebel und Sandsteinfiguren. Die Eisengitter wurden 1721 von Johann Bernhard Neß geschmiedet. Sehenswert ist der Ratssaal, der ein schönes Portal besitzt. Der neben dem Rathaus stehende **Pfaffenturm** stammt noch aus dem 14. Jahrhundert, sein Obergeschoss aus dem 16. Jahrhundert.

Links von Rathaus und Pfaffenturm sehen wir einen lustig wirkenden **Brunnen** mit dem Thema »Die verdruckten Allgäuer«. Wir gehen nun durch den **Pfaffenturm** zum Postplatz. Er zeigt wie der Marktplatz ein herrliches Stück alter Reichsstadtidylle. An der Ecke steht das Kornhaus, vor dem wir die Figur des **»Wahrheitssuchers«** sehen. Gisela Steimle schuf diese moderne Bronzeskulptur mit Wangener Bezügen, die zur Erweiterung des Wissens animieren soll. Das **Kornhaus** wurde 1600 bis 1602 errichtet und nach dem Dreißigjährigen Krieg umgebaut. Bis ins 19. Jahrhundert diente es als Kornhaus und beheimatet heute die Stadtbibliothek. Nun gehen wir zurück bis vor den Pfaffenturm und halten uns rechts in die Spitalstraße, die uns zum Heilig-Geist-Spital bringt. Das Gebäude **Spitalstraße 15** war im Besitz der Stadt, es diente als städtische Kanzlei und Amtssitz des Stadtschreibers. Ab Ende des 17. Jahrhunderts befand sich hier die städtische Mädchenschule, und Ende des 18. Jahrhunderts gelangte es in private Hände. In der **Spitalstraße 31** kam der Barockmaler Franz Josef Spiegler (1691–1756) zur Welt, Sohn des Landgerichtsprokurators Johann Franz Spiegler.

Danach liegt rechts das im 13. Jahrhundert erwähnte **Heilig-Geist-Spital.** Der 1440 bis 1446 errichtete dreiflügelige Bau dient heute als Altersheim. Die beiden Seitenflügel wurden 1600 bis 1614 errichtet, 1791 folgte der Umbau der Anlage. Dahinter steht die **Spitalkirche Zum Heiligen Geist.** Sie wurde erstmals 1446 als Liebfrauenkirche errichtet, der heutige Bau stammt von etwa 1720. Die Kirche besitzt eine sehenswerte Innenausstattung, zum Beispiel am Hochaltar eine fast lebensgroße Muttergottes-Statue, die wohl um 1620 von Hans Zürn d. J. geschaffen wurde. Die Ausstattung stammt vorwiegend aus dem 18. Jahrhundert. Der Kerker-Christi-Altar aus der Mitte des 18. Jahrhunderts an der Südwand

des Schiffs ist vielleicht von Johann Ruez und besitzt einen geschnitzten Christus (Mitte 16. Jh.). Das Gnadenbild von 1543 stand einst in der Stadtpfarrkirche und galt im 18. Jahrhundert als wundertätig, so dass es das Ziel einer Wallfahrt wurde.

Vor der Kirche ist der moderne **Spatzenbrunnen** mit einer Taube zu sehen, die den Heiligen Geist symbolisiert – daneben das lebhafte Spatzenvolk. Nun beginnt der Eselberg. In **Haus Nr. 5** mit der Scheinarchitektur wurde der spätere Abt Rupert Neß (1670–1740) geboren. Er war der Schöpfer der grandiosen barocken Klosteranlage in Ottobeuren. Vor dem Haus steht der **Eselbrunnen** (1985), der nach der bekannten Fabel von Aesop gestaltet wurde, nach der man es nie allen zugleich recht machen kann.

Beim Eselbrunnen steht der »Stiefel« oder die »**Siebentürleswirtschaft**« (1618), Nr. 6. Dieser Name stammt von einer Schuhmacherfamilie, die auch eine Wirtschaft betrieb, worauf der Name »Stiefel« hinweist. Die Bezeichnung »Siebentürleswirtschaft« kommt von den sieben Türen der Gastwirtschaft. Die 1476 erstmals erwähnte **Eselmühle,** heute Heimatmuseum, »Museum für mechanische Musikinstrumente« und Käsereimuseum, wurde 1554 vom Spital erworben, 1568 neu erbaut, gelangte 1824 in private Hände und war bis 1937 in Betrieb. Außen befindet sich ein oberschlächtiges Wasserrad. Im Gebäude sieht man noch teilweise die Originaleinrichtung.

Die **Stadtmauer** mit der Toröffnung bildete die Grenze zwischen Ober- und Unterstadt. Östlich der Eselmühle – man geht an der Stadtmauer mit dem Wehrgang entlang – findet man die **Figur des Taugenichts** nach Eichendorff, dahinter das **Haus mit den Archiven der Dichter Joseph Freiherr von Eichendorff und Gustav Freytag** (Lange Gasse 1). Wenn man an dem Haus mit den Archiven vorbei zum Pulverturm und noch weiter spaziert, gelangt man durch die einstige Stadtmauer hindurch und zur Oberen Argen. Hier blieb die Stadtmauer aus dem 15. Jahrhundert gut erhalten. Rechts sieht man den **Badstubenbrunnen oder Kopfwäschebrunnen,** bei dem eine resolute Frau einem sich (natürlich umsonst) wehrenden Mann den Kopf wäscht.

Der **Pulver- oder Wasserturm** wurde um 1400 errichtet und 1596 umgebaut. Er besitzt einen viereckigen Unterbau mit versteckten Schießscharten, auf denen zwei achteckige Obergeschosse sitzen. Gekrönt wird das Ganze von einer achtseitigen Zwiebelhaube. Wir gehen zurück durch den Turm und halten uns links in die Lange Gasse, in der wir zur **Badstube** (1589) spazieren. Das Vorgängerhaus soll bereits zu Beginn des 15. Jahrhunderts die Funktion eines Bads erfüllt haben. Außerdem konnte man sich hier auch der Dienste des Baders

bedienen, der Haareschneiden, Bartscheren und Aderlassen durch Schröpfen anbot, ebenfalls »Abflehn«, was die Befreiung von lästigen Kleintieren bedeutete.

Nun gehen wir zurück zur Eselmühle und den Berg hinauf. Das Eckhaus links ist das **Haus am Eselloch.** Es war vom 16. bis ins 20. Jahrhundert im Besitz von Hufschmieden. Gegenüber steht das **Haus Zum Storchen,** das seit dem 17. Jahrhundert als Bäckerei diente.

Von der ehemaligen Ummauerung sind noch Tore erhalten, wie hier das St. Martins- oder Lindauer Tor.

Nun gehen wir nach links die Schmiedstraße entlang. Hier standen einst die Häuser der Sensen-, Hammer-, Feilen-, Nagel- und Hufschmiede. Sie verkauften ihre Erzeugnisse – vor allem Sensen, Segessen genannt – bis in die Lombardei, nach Frankreich, nach Lothringen und in die Schweiz. Man sieht hier auch einen der schön renovierten und bunt bemalten gusseisernen **Brunnen.** Das **Dreikönigshaus** war seit Anfang des 18. Jahrhunderts als Gasthaus »Zum roten Kreuz« bekannt, seit 1774 als »Zum Dreikönig«. Das **Goldschmiedhaus** befand sich im 17. und 18. Jahrhundert im Besitz von Goldschmieden. Das nächste **Haus** auf der rechten Seite war ab dem 16. Jahrhundert im Besitz von Schlossern und diente 1666 bis 1673 als Druckerei. Das **Haus Zum Schwert** war als Gastwirtschaft »Zum Schwert« ab dem 17. Jahrhundert bekannt, ab Anfang des 18. Jahrhunderts als »Hasen«, ab Ende des 18. Jahrhunderts bis ins 20. Jahrhundert als »Der grüne Baum«. Gegenüber der ehemaligen Trinklaube steht das **Haus Zum Schaf,** in dem die Ratsfamilie Witzigmann einst eine Gastwirtschaft betrieb. Auf der rechten Seite steht das **Geburtshaus** des Kapuzinermönchs Maximilian Egg (1687–1748), der in seinem Orden und in Rom höchste Ämter bekleidete. Er wirkte auch an der Seligsprechung des später heilig gesprochenen Fidelis mit.

In der Schmiedstraße / Ecke Herrenstraße steht das ehemalige **Zunfthaus** der Schmiede mit Trinkstube. Das heutige Gebäude wurde nach dem Brand von 1539 erbaut. Bis 1600 trafen sich in diesem Zunfthaus die nicht zunftpflichtigen »Herren« und die Rats- und Gerichtsmitglieder zur Geselligkeit. Im 17. und 18. Jahrhundert befand sich in dem Haus die städtische Kanzlei, später befanden sich hier bis 1787 der Amtssitz und die Wohnung des Amtssyndikus. Vor dem Gebäude fand früher der Hanf- und Flachssamenmarkt statt. Nun haben wir wieder die Herrenstraße erreicht.

Wasserburg

■ Auskunft:

Tourist-Information, Lindenplatz 1, 88142 Wasserburg (Bodensee), Telefon (0 83 82) 88 74 74, Fax (0 83 82) 8 90 42, www. wasserburg-bodensee.de, E-Mail: tourist-info@wasserburg-bodensee. de

■ Stadtbesichtigung:

Die katholische **Pfarrkirche Sankt Georg** geht auf eine Kirchenburg des 8./10. Jahrhunderts zurück. Baubeginn einer kleinen, hölzernen Basilika war vermutlich sogar schon 784. Das heutige Gebäude wurde nach dem Dreißigjährigen Krieg wiederhergestellt, später reich barockisiert und nach einem Brand nach 1815 teilweise neu ausgestattet. Der 1403 vollendete Turm wurde 1655 durch Blitzschlag zerstört und im Stil des Augsburger Elias Holl wieder aufgebaut. Heute trägt er eine barocke Zwiebelhaube. An den Säulen wurden Gedenkinschriften für die Seegfrörnen – also Zeiten, in denen der Bodensee vollständig zugefroren war – 1573, 1830 und 1963 angebracht. Bei der letzten Seegfrörne konnten auf dem vereisten See sogar Flugzeuge starten und landen und Autos fahren. Besonders sehenswert sind das Epitaph für Pfarrer Baumgartner († 1606) von Esaias Gruber und die Pietà von 1705. Im Friedhof sieht man alte Grabsteine, darunter einen für Peter von Lindpaintner (1791 bis 1856), einst Königlich Württembergischer Hofkapellmeister. **Pfarrhaus** und Kirche sind mit einem Gang miteinander verbunden. Das Pfarrhaus wurde um 1400 erbaut und 1880 mit einem Zinnengiebel versehen.

Vor dem Schloss sind spärliche Reste der erstmals 784 genannten **»Wazzarburuc«** zu sehen. In dieser Inselfestung suchten bereits im 10. Jahrhundert die Sankt Gallener Mönche Schutz vor den plündernden Ungarn. 1358 wurde diese Wasserburg vom Städtebund am See niedergebrannt, weil die Schellenberger als Besitzer einen Rechtsbruch begangen hatten. Die Anlage wurde von den Grafen von Montfort und den Fuggern als repräsentatives **Schloss** erneut aufgebaut. 1720 hat man den Wassergraben zwischen Insel und Festland zugeschüttet, woran die **Fuggersäule** erinnert. Man wollte die Kosten für die Reparatur der Zugbrücke sparen. Kurz bevor die Herrschaft an die Österreicher übergeben werden sollte, brannte 1750 ein Flügel des Schlosses nieder.

Das **Malhaus** (von malus = schlecht) ließen die Fugger 1595/97 als Gerichtshaus erbauen. Von 1656 bis 1664 fanden in diesem Haus die berüchtigten Wasserburger Hexenprozesse statt; die Zellen sind heute noch zu sehen. Das Grabmal des berüchtigten Hexenjägers Bartholomäus Heuchlinger befindet sich immer noch auf dem Friedhof. Heute dient das Haus als Museum.

Das **Augustin-Denkmal** von Toni Schneider-Manzell steht am See auf der »Augustin-Wiese« (in Richtung Freibad) und wurde zum Gedenken an den Ehrenbürger Horst-Wolfram Geißler errichtet. Geißler verfasste den Roman »Der liebe Augustin. Die Geschichte eines leichten Lebens«. In Wasserburg fand er seine letzte Ruhestätte.

■ Sehenswertes in der Umgebung:

Die Uferzone in der **Wasserburger Bucht** befindet sich in einem weitgehend natürlichen Zustand. Sie wurde mit einer Größe von 5,6 Hektar 1985 unter Naturschutz gestellt. In den durch einen Weg vom Schilfgürtel abgetrennten Feuchtlebensräumen findet man den Rest eines Niedermoores, in welchem die Sibirische Schwertlilie (Iris sibirica) wächst. Es handelt sich um Streuwiesen, die alljährlich im Herbst gemäht werden und so vor der Verbuschung bewahrt bleiben.

Im Wasserburger Malhaus fanden Hexenprozesse statt.